Glaubt mir kein Wort

Peter Ensikat

Glaubt mir kein Wort

Nachgelassene Satire

Herausgegeben
und mit einem Nachwort
von Bastienne Voss

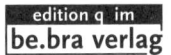

 Mehr Informationen im Internet

Bibliografische Information der Deutschen Nationalbibliothek
Die Deutsche Nationalbibliothek verzeichnet diese Publikation in
der Deutschen Nationalbibliografie; detaillierte bibliografische Daten
sind im Internet über http://dnb.d-nb.de abrufbar.

© edition q im be.bra verlag GmbH
Berlin-Brandenburg, 2015
KulturBrauerei Haus 2
Schönhauser Allee 37, 10435 Berlin
post@bebraverlag.de
Lektorat: Ingrid Kirschey-Feix, Berlin
Umschlag: Ansichtssache, Berlin
unter Verwendung eines Fotos von ullsteinbild-Leber
Satz: typegerecht, Berlin
Schrift: DTL Documenta 10/14 pt
Druck und Bindung: GGP Media GmbH, Pößneck
ISBN 978-3-86124-691-6

www.bebraverlag.de

Inhalt

Glaubt mir kein Wort 7

Auch im Sozialismus gab es warme Mittelplätze 9
Uns gab's nur einmal – vor und hinter der Gardine 37
Im Herzen der Deutsche zur Einigkeit neigt 69
Ein bisschen Krieg braucht dieses Land zum leben 115
Endlich angekommen – Die neue deutsche Normalität 147
Woher kommt der Mensch und wozu 199

Gebet 227

Auf der Kante liegen (Nachwort) 229

Zu einigen Personen 232
Enthaltene Texte 236
Autor/Herausgeberin 240

Glaubt mir kein Wort

Der alte Fontane hat mal gesagt: »Es ist eigentlich dumm, ohne Hoffnung zu leben. Wozu hat man sie denn?« Na und – hat er nicht recht? Aber der nicht ganz so alte Brecht hat gesagt: »Der Lachende hat die furchtbare Nachricht nur noch nicht empfangen.« Und wenn ich jetzt daran denke, was uns allen passieren kann, hat Brecht eigentlich auch recht. In der DDR haben wir oft gesagt: Optimismus ist Mangel an Information. Jetzt, in der Bundesrepublik, weiß ich: Hauptbestandteil aller regierungsamtlichen Information ist Optimismus. Der Solidarpakt widerlegt die Marx'sche These: Das Sein bestimmt das Bewusstsein. An den Solidarpakt müssen wir einfach glauben. Denn nur der Glaube kann uns Zwerge noch ergötzen. Tucholsky hatte ja auch schon seine Schwierigkeiten mit dem Marx-Satz vom Sein und dem Bewusstsein. Er meinte, das sei in etwa so intelligent wie die Behauptung: »Der Zustand der Zähne bestimmt über den Grad der Zahnschmerzen.« Das ist auch richtig.

Irgendwie haben alle recht. Und das ist mein Problem: Wenn alle recht haben, wem soll ich dann noch glauben?

Ich kann Ihnen aus eigener Erfahrung sagen, wer da glaubt, auf der richtigen Seite zu stehen, der liegt mit Sicherheit falsch. Das ist die einzige gesicherte Erkenntnis, die wir aus vierzig Jahren theoretischem Sozialismus in den praktischen Kapitalismus hinüberretten konnten. Eines habe ich allen klugen Westlern voraus: Ich weiß, wie sehr man sich irrt, wenn man fest daran glaubt, im Recht zu sein. Die einzige historische Wahrheit, die bisher unwiderlegt ist, heißt: Irren ist menschlich. Ich denke – also bin ich im Irrtum.

1993

Auch im Sozialismus gab es warme Mittelplätze

Schlaf, mein Sohn, den guten Schlaf.
Nur wer schläft, mein Sohn, ist brav.
Träume solltest du vermeiden –
Träume machen unbescheiden.
Glaub mir, Held sein ist kein Spaß.
Du, mein Sohn, bleib Mittelmaß.
Werde mittel-schlecht oder mittel-gut,
werde mittel-feig, hab nur Mittel-mut.
Mach's, mein Sohn, dir stets bequem –
Mittelmaß lebt angenehm.

Erste Lehre: Du darfst nicht auffallen, weder durch Kleidung und Haarschnitt noch durch Intelligenz. Trage, was alle tragen, sage, was alle sagen, und schlage, wen alle schlagen, damit du nicht geschlagen wirst. Merke: Lieber ein mittelmäßiges Gehalt, als jede Woche Kritik und Selbstkritik.

Sicher wirst du so nicht groß.
Aber Größe macht dich bloß
unbeliebt für kleine Leute.
Das galt früher, das gilt heute:
Helden enden tragisch nur.
(Das beweist die Literatur.)
Achte, wenn du gehst, gehen die andern mit?
Achte, wenn du gehst, auf den kurzen Tritt.
In der Mitte ist's bequem – Mittelmaß lebt angenehm.

Zweite Lehre: Du sollst dir kein Vorbild machen.
  Merke: Gute Beispiele verderben die Mitte!

  Drum, Sohn, erreg dich nicht.
  Bleibe ein bescheidenes Licht.
  Trage nicht dein Herz zu Markte –
  Helden kriegen Herzinfarkte.
  Unsereins stirbt niemals aus.
  Unsereiner hat es raus:
  Lässt die andern vor, bleibt im Hintergrund,
  wird zwar nie berühmt, aber bleibt gesund.
  In der Mitte ist's bequem –
  Mittelmaß lebt angenehm.

Dritte Lehre: Auch im Sozialismus gibt es noch warme Mittelplätze. Und die Helden fahren nicht immer die besten Autos. Die ersten werden die letzten sein, aber Mitte hat immer Schwein.

1972

■ ■

Vergessen

  Geht's Ihnen auch so mit Ihren Gedanken?
  Ich sauf wie ein Loch und vergesse zu schwanken.
  Als Kind hab ich jeden Mann Papa genannt,
  den eigenen hab ich nicht wiedererkannt.
  Und einmal, da wär ich erstickt fast beim Essen –
  ich hatte das Schlucken ganz einfach vergessen,
  vergessen, vergessen …

All meine Lehrer sind sehr früh gestorben.
Ich hab Ihnen jeglichen Lehrplan verdorben.
Mein Lehrmeister plagte sich auch mit mir ab.
Ich überstand's, aber er liegt im Grab.
Ich lebe und bilde mich fort auf Kongressen,
auf welchen, das hab ich schon vorher vergessen,
vergessen, vergessen …

Freundinnen hatte ich auch ziemlich viele,
bloß welche wie hieß, hatt ich nie im Gefühle.
Und eine, die nahm ich dann schließlich zur Frau.
Nur welche das war – ach, ich weiß nicht genau.
Ich habe mit ihr oft getrunken, gegessen …,
doch was das Dritte war, hab ich vergessen,
vergessen, vergessen …

Sehn Sie, das hat nun für mich sehr viel Gutes –
wenn ich mich verpflichte, denkt keiner: er tut es.
Und wenn es gilt, kernige Reden zu halten,
dann red ich ganz offen vom Chef, diesen alten …
Am nächsten Tag lädt er mich mittags zum Essen
und da ist die Sache natürlich vergessen,
vergessen, vergessen …

Sagen Sie selbst – bin ich nicht zu beneiden?
Ich kann mich von morgens bis abends gut leiden.
Vergangenheit, Zukunft – was geht mich das an?
Es gibt genug andre, die denken schon dran.
Sie sitzen und schwitzen und planen und messen –
ich freu mich, wie kann man sich so weit vergessen,
vergessen, vergessen …

Ich kann mich jedermann angenehm machen.
Ich kann über jeden Witz hundertmal lachen.
Ich kann auch tagtäglich die Presse durchwandern,
für mich ähnelt gar keine Zeitung der andern.
Auch Losungen find ich ganz einfach zum Fressen,
die kann ich beim Lesen schon wieder vergessen,
vergessen, vergessen …

Die Schlussstrophe, die ist die schönste von allen,
die ist mir bloß grad, die ist mir bloß grad,
die ist mir bloß gerade entfallen …

1970

■ ■

Alltägliche Maskerade

Treten Sie näher, treten Sie ran –
hier gibt es Masken für jedermann!
Begräbnis, Versammlung, Kritik – einerlei –
wenden Sie sich an den Maskenverleih!
Nicht auf den Anzug und nicht auf das Kleid
schaut man in unserer heutigen Zeit.
Zum richtigen Anlass das richtige Gesicht –
mehr braucht der Erfolgreiche heutzutag nicht.

Aber meine lieben Mitmienen, das, was Ihnen an Wandlungs-
fähigkeit angeboren und anerzogen ist, reicht nicht mehr für
den taktischen Umgang mit Menschen und Vorgesetzten. Die
Zeiten sind vorbei, da man dem Chef einfach dort hineinkroch,
wo er keine Augen hat. Die Hosen sind enger geworden und
der Blick weiter. Deshalb geben Sie Ihrem Gesicht schon am

frühen Morgen einen leichten Anflug von Klassenstandpunkt, der Ihrem Chef die Gewissheit vermittelt, dass Sie das ND gelesen haben. Die Sekretärin aber streifen Sie mit jenem gänzlich unpolitischen Blick, der sie vergessen lässt, dass sie was anhat. Sollte sie allerdings schon älter oder nicht Ihr Typ sein, behalten Sie den Klassenstandpunkt ruhig bei.

Dann legen Sie die Stirn in Dauerkrause, schicken Sie die Pupillen von Zeit zu Zeit seufzend zum Wechselrahmen, als hielten Sie stille Zwiesprache mit dem Vorbild dort oben, und atmen Sie hörbar ein und aus. Auch leises Schnarchen wird Ihnen dann noch als unermüdliche Tätigkeit ausgelegt werden.

Sollte Ihr Chef Sie gegen Feierabend trotzdem noch nach den unerledigten Akten fragen, verleihen Sie Ihrem Gesicht jenen unfehlbaren Ausdruck gekränkter Parteilichkeit, der da besagt: Wie kann man nach dem letzten Plenum nur noch nach alten Akten fragen! Und schon ist er beschämt. Denn wenn Ihr Chef wirklich arbeitet, dann kann er das ganze ND gar nicht gelesen haben.

Bei der nächsten Gelegenheit wird er Sie befördern, denn Rausschmeißen geht ja nicht. Also: gut maskiert, ist halb befördert.

In kritischen Situationen aber geben Sie Ihrem Gesicht jene undurchdringlich-überlegene, jedoch nach allen Seiten offene Entschlossenheit, keine Meinung zu äußern, bevor die Mehrheitsverhältnisse klar sind.

Sollten Sie mit der Verkehrspolizei zu tun haben, üben Sie Ihr Gesicht in Demut. Blicken Sie immer zum Polizisten auf, auch wenn er kleiner ist als Sie. Beim Autoschlosser hilft kein Gucken. Hier müssen Sie spucken.

Treten Sie näher, treten Sie rein –
mit unsern Masken wahren Sie den Schein!
Die Unschuld vom Lande für spät in der Nacht,

wenn Ihre Frau Ihnen Vorwürfe macht.
Ein einziger Blick, und die Frau ist geknickt –
hat man denn dafür die Nacht durch gebückt
am Schreibtisch vor Akten und sowas gehockt,
damit, wenn man heimkommt, die Frau auch noch bockt?!

Ja, meine lieben Brüder im Mienenspiel, auch Ihr ganz privates
Glück hängt entscheidend von der Kunst Ihrer Maske ab. Die
richtigen Falten im überarbeiteten Gesicht lassen jeden fremden Lippenstift verschwinden und anschließend von den Mit-
leidstränen der beschämten Gattin hinweg spülen.

Für die Kinder aber reicht der stetige Vorwurf im Blick – un-
verstandenes Vorbild –, der da sagt: Als ich so alt war wie du,
konnte mein Vater noch mit Leib und Seele kriechen. Heutzu-
tage muss unsereins alles mit dem Gesicht machen. Sein wah-
res Gesicht aber hat unsereins in der Hose. Und deshalb, meine
Damen und Herren:

Treten Sie näher, treten Sie ran –
Masken braucht jeder von uns irgendwann.
Wir kriechen nicht mehr, nein, wir wahren den Schein.
Denn das Bewusstsein bestimmt unser Sein.
Und der erfolgreiche Karrierist
ist zwar nur mimisch ein Super-Marxist.
Er weiß ja warum und wofür er heut lebt,
und wie er am schnellsten nach Höherem strebt –
immer gute Miene machen,
auch wenn's ein böses Spiel ist, das er spielt.

1974

Dialektisch for you*

Es gibt immer noch Leute, die glauben, es sei nicht in unserm Sinne, auf klare Fragen klare Antworten zu geben. Für solche – sagen wir mal – Mitschmitts bringen wir nun einen Weiterverbildungskursus in Neudialektik.

Professor: Guten Abend, meine Damen und Herren! Bei meinem heutigen Vortrag »Dialektisch for you« wird mich dankenswerterweise meine Meisterschülerin Sibylle Schönblick unterstützen.

Schülerin: Guten Abend, Professor Schmitt! Guten Abend!

Professor: Zugegeben, meine Damen und Herren, der achte Parteitag war für uns Neudialektiker ein harter Schlag. Aber zum Glück gibt es immer noch einige hartgesottene Schmitts, die an unserem Hauptlehrsatz festhalten.

Schülerin: Alles hat bei uns zwei Seiten – eine schöne und eine sehr schöne.

Professor: Den schönen Seiten unseres Lebens begegnen wir alltäglich im Nahverkehr, im Konsum und im Betrieb, den sehr schönen in Presse, Film und Fernsehen.

Schülerin: Schön ist es, wenn unsere Werktätigen wochenlang vergeblich nach einer Anbauwand herumlaufen, sehr schön aber wird es, wenn sie in der Aktuellen Kamera erleben, wie gewissenhaft unsere Möbelwerker ihre Exportverpflichtungen erfüllen.

Professor: Letzteres nennen wir auch den Umschlag eines schönen alten Problems in eine sehr schöne neue Erfolgsmeldung.

* Dieser Text wurde 1974 im Spiegel abgedruckt.

	In grauer Vorzeit war Dialektisch die Sprache der Wissenschaft. Heute aber wurde Neudialektik zu einer wahren Allerweltssprache. Für einen wahrhaft geschulten Neudialektiker gibt es kein Problem, das er nicht aus der Welt reden könnte mit der herzigen Aufforderung:
Schülerin:	Das muss man dialektisch sehen!
Professor:	Sie merken schon, Neudialektisch kann man nicht nur denken und sprechen, nein, man kann es auch sehen. Selbst, wenn man es nicht fassen kann. Mit dieser Art, Dinge zu sehen, kann man mühelos alle Mängel, Schwächen und Pannen erklären, ohne irgendjemanden verantwortlich zu machen. Schuld sind einfach die objektiven Schwierigkeiten, die wir durch Heiligsprechung zu objektiven Gesetzmäßigkeiten erhoben und somit unantastbar gemacht haben. War Dialektik bei unseren Klassikern noch die Lehre von den Widersprüchen, so ist Neudialektik einfach leeres Gerede, dem keiner widerspricht. Aber sehen wir uns ein Beispiel an!
Schülerin:	Wenn es gerade mal keinen …
Professor:	Kümmel!
Schülerin:	… Kümmel gibt, so ist das kein Widerspruch zu der These von der sich ständig verbessernden Versorgungslage. Denn das Wesen keines Kümmels ist – wie beispielsweise das Wesen keiner Ersatzteile – unwesentlich. Das heißt, man soll kein Wesen daraus machen, sondern sich der wirklich wesentlichen Frage zuwenden, die da heißt: Wie versalzen wir dem Klassenfeind die Suppe?

Professor:	Und nicht etwa: Wie verkümmeln wir sie ihm!
Schülerin:	Das tut er ja schon selbst mit den gewaltigen Kümmelbergen der EWG, die zu einer ernsten Kümmelkrise des gesamten kapitalistischen Systems führen müssen. Wohingegen kein Kümmel im Sozialismus auch zu keiner Kümmelkrise führen kann. Daraus wiederum erkennt man, dass wir uns endgültig kümmelfrei machen müssen von westlichen Einflüssen, die immer wieder über Kümmel und Korn bei uns einzudringen versuchen.
Professor:	Merke: Je kleiner ein Problem, desto naheliegender ist es für unsereinen, ihm mit der Grundfrage unserer Zeit zuleibe zu rücken. Wo Marx sagte, es käme nicht darauf an, die Welt zu interpretieren, sondern sie zu verändern, da sagt ein Neudialektiker von altem Schrot und Korn:
Schülerin:	Es kommt nicht einfach darauf an, etwas zu verändern, sondern vor allem, jede Veränderung sofort und ausführlich zu interpretieren.
Professor:	Auf diese Art und Weise hat schon mancher Schmitt seine größeren Fehler zu mittleren Erfolgen interpretiert. Für einen wahrhaft geschulten Neudialektiker gibt es nichts, was er nicht so lange interpretieren könnte, bis es kein Mensch mehr wiedererkennt. Er vermag zu jedem Widerspruch zu sagen:
Schülerin:	Verweile doch! Du bist so schön!
Professor:	Sein Grundsatz aber lautet:
Schülerin:	Ich kenne keine Fragen mehr ...
Professor:	... ich kenne nur noch Antworten.

1974

Oh Eurydike

Bei uns zu Haus ist alles ganz antik.
Mein Mann und ich, wir schwärmen für die Griechen.
Wir halten nichts von Politik.
Wir möchten selbst wie alte Griechen riechen.
Sogar ein Buch hab ich gelesen,
da ist im Einband schon der Wurm gewesen.
Schon war mir klar:
Das Buch es war
aus der Antike – oh Eurydike!

Mein Zimmer ist mein Klein-privat-Athen
mit Hausolymp und lauter nackten Göttern
aus echtem Marmor. Da vergehn
die Witze auch den allergrößten Spöttern.
Wer doch noch lacht, dem sag ich leise,
als wär es nichts, die echten Götterpreise.
Denn grad der Neid
erhöht die Freud'
an der Antike – oh Eurydike!

Mein Gatte steht am Tage im Beruf.
Er spielt in einer Tuchfabrik Direktor.
Doch abends steht, wie Gott ihn schuf,
mein Mann vor mir. Ich nenne ihn dann Hektor –
so klassisch und so schön gewachsen,
ein echter Grieche, wenn auch nur aus Sachsen.
Er flüstert leis:
»Wird dir nicht heiß
von der Antike – oh Eurydike?«

Und glauben Sie, dann wird mir wirklich heiß.
Dann spüre ich Antike in den Händen.
Was stört mich dann noch, wenn ich weiß,
am Morgen muss sich Hektor von mir wenden
und muss sich fortschrittlich gebärden!
Auch dieser Tag wird schließlich Abend werden.
Und abends sieht man meinem Mann
auch den Genossen nicht mehr an –
nur die Antike – oh Eurydike!

1974

Nimm zwei!

Schlafe, mein Kindlein, sei lieb!
Vater ist noch im Betrieb.
Schlaf, deine Mutter muss gehen.
Die Nachbarin wird nach dir sehen.
Bist du heut Abend schön brav,
schenk ich dir morgen ein Schaf –
bitte, jetzt mach kein Geschrei!
Von mir aus bekommst du auch zwei.

Morgen sind wir nicht zu Haus.
Schau aus dem Fenster hinaus.
Essen steht fertig im Schrank.
Im Fernsehn gibt's ein Schwank.
Geh, wenn du willst, in den Park –
hier, kauf dir Eis für 'ne Mark –
bitte, jetzt mach kein Geschrei!
Von mir aus bekommst du auch zwei.

Sonntag ist Vater zu Haus
und ruht sich mal ordentlich aus.
Ich muss ja leider nach Gören.
Doch du wirst ja den Vati nicht stören.
Geht das am Sonntag schön glatt,
kauf ich dir Montag ein Rad –
bitte, jetzt mach kein Geschrei!
Von mir aus bekommst du auch zwei.

Was ist, du langweilst dich so?
Na, denkst du denn, ich bin bloß froh?
Hast du nicht alles gekriegt?
Du würdest zu wenig geliebt?
Söhnchen, ach bist du erst groß,
kriegst du 'ne Frau auf den Schoß.
Bitte, jetzt lass das Geschrei!
Von mir aus bekommst du auch zwei.

1969

■■■■■■■■■■■■■■■■■■■■■■■■■■■■■■■■

Tagesshow

(Titelmusik und Stimme: »Hier ist das deutsche Fernsehen mit der Tagesschau«)

Sprecher: Und nun weitere Nachrichten der Tagesschau. Wie DPA aus gut unterrichteten Kreisen erfahren hat, ist in der südlichen DDR-Kreisstadt Crimmitschow ein mittlerer bis höherer Baum umgefallen, an dem oppositionelle Kreise der Kreisstadt bereits seit längerem gesägt haben sollen. Wie ein Hamburger Nachrichtenmagazin hierzu berichtet, handelt es sich dabei um den letzten hohen Baum der DDR, der sich mit seinem Sturz der Zwangsverarbeitung zu holzfreiem Propagandamaterial entziehen wollte. Als Förster verkleidete hohe Staatssicherheitsbeamte haben den Baum bereits umstellt. Hierbei soll es zum Einsatz von Nacht und Nebel gekommen sein. Hören Sie nun einen Bericht unseres Korrespondenten in Ostberlin.

Korrespondent: Offiziell ist hier – wie immer – nichts zu erfahren. Zwar ist die Existenz von Bäumen in der DDR bisher noch nicht dementiert worden, aber in der heutigen Ausgabe des »Neuen Deutschland« werden sie mit keinem Wort erwähnt. Auch Crimmitschau ist aus den Schlagzeilen verschwunden. Westliche Korrespondenten schließen daraus, dass in allernächster Zeit mit einem Verbot von Wald und Bäumen zu rechnen ist. Auch eine Umbenennung von Crimmitschei in Grimmiggorod ist nicht mehr auszuschließen. Wie aus parteinahen Kreisen zu erfahren ist, trägt ein Mitglied des kommunistischen Zentralkomitees den linken Arm in einer Binde. Daraus geht eindeutig hervor, wie heftig die Auseinandersetzungen unter der hiesigen Parteiführung verlaufen sein müssen. Wird Honecker sich nach dem Baumsturz von Crimmitschew noch halten können? Einige Ostberliner Gaststätten blieben heute wegen Ruhetag bereits geschlossen. Haben die Gaststättenleiter Anweisung, die Honeckerbilder zu entfernen? Noch wissen wir nichts, aber wir können uns alles vorstellen.

Sprecher: Den Kommentar spricht heute Matthias Wald.

Kommentator: Der ostzonale Wald, meine Damen und Herren, ist in Bewegung geraten, und noch weiß niemand, wohin er sich bewegen wird. Der östlichen Presse ist nur im besonders kleingedruckten Wetterbericht die Nachricht zu entnehmen, dass ein Sturm über Mitteldeutschland zog. Aber glauben die Herren dort drüben wirklich, sie könnten alles auf die Meteorologen abwälzen? Der Baum von Crimmitschtown also nur ein Opfer ostzonaler Witterungsbedingungen? Den Bürgern der immer noch sogenannten DDR wird es vielleicht so dargestellt werden. Aber wir wissen doch, wer in den kommunistisch gelenkten Staaten über das Wetter entscheidet. Und wir wissen auch, wie hoffnungsvoll unsere Mitbürger da drüben zum Himmel starren und auf das freie Wetter einer freien Welt warten. Der Baum von Crimmitschowsk ist nur ein Beispiel.

Sprecher: Wie die französische Nachrichtenagentur AFP soeben berichtet, handelt es sich bei der südlichen DDR-Kreisstadt nicht um Crimmitschowsk oder Crimmitschtown, sondern um die norditalienische Kreisstadt Crimmi della tschau. Aber hinzuzufügen bleibt: Das ändert natürlich nichts an der Situation in der DDR.

1978

Petrus:	Hallo Luzi! Du hier oben?
Teufel:	Petri heil!
Petrus:	Eingaben von unten.
Teufel:	Was – aus meiner Hölle?
Petrus:	Nein, von ganz unten. Irgendwelche Menschlein beschweren sich wiedermal, dass sie in seiner schönen Welt nicht glücklich sind. Kennst ja den Alten – alles für das Glück der Menschen!
Teufel:	Der hat Sorgen! Unsereins weiß nicht mehr, wie er's warm kriegen soll in der Hölle, und hier oben wird vom Himmel auf Erden gefaselt.
Petrus:	Pssst! Er kommt.
Gott:	Ich grüße euch! Wo sind unsere Erzengel, Sankt Petrus?
Petrus:	Alle im Bett – Grippe. *(Er niest.)* Wird ja auch immer kälter hier oben, wenn da unten nicht richtig geheizt wird.
Teufel:	Tu du mal Wunder mit Rohbraunkohle!
Gott:	Keine Wunderdiskussion! Hier oben wird an unseren Wundern nicht gezweifelt.
Teufel:	Aber bei mir unten ist die Hölle los. Meine eigene Großmutter lacht mich schon aus, wenn ich den Seelen mit dem Höllenfeuer auf Braunkohlenbasis drohe. Zu euch kommen ja nur die Gläubigen. Aber bei mir wird doch an nichts geglaubt, was nicht da ist.
Gott:	Du musst die Seelen von der Hitze überzeugen, bis dass sie wieder schwitzen lernen! Zur Sache nun! Es haben unser himmlisches Ohr

	trotz aller Sicherheitsvorkehrungen menschliche, allzu menschliche Stimmen erreicht, die sagen, sie wären auf unserer Erde nicht mehr glücklich.
Petrus:	Wir dürfen nicht alles ernstnehmen, was die Menschen so sagen. Ich war selber mal Mensch. Ich weiß, was man da zusammenlügt.
Gott:	Da nur wir im Besitz der absoluten Wahrheit sind, was bleibt den Menschen übrig als die kleine Lüge?
Teufel:	Das könnte von mir sein, himmlischer Vater.
Gott:	In diesem Kreise kann man ja mal offen reden. Also – was tun? Die Hölle ist überfüllt mit Unglücklichen, während wir hier oben schon alle Augen zudrücken müssen, um überhaupt noch eine glückliche Seele ins Paradies zu befördern.
Petrus:	Der Himmel ist ja nicht zum Vergnügen da! Und was die Sünde betrifft – ich musste mir ja damals auch alles verkneifen!
Gott:	Fast alles, wenn ich mich richtig erinnere. Ja, ja, vergeben ist vergeben. Aber wenn ich den Menschen hier und da beim Sündigen zuschaue – nur zur Kontrolle, nicht zum eigenen Vergnügen –, also direkt unglücklich schienen sie mir dabei nicht zu sein.
Petrus:	Nicht dabei, aber danach.
Teufel:	Das kommt nur vom schlechten Gewissen, dass ihr ihnen vor ihre natürlichen Regungen gebaut habt.
Gott:	Ich habe grad so einen konkreten Fall zu bearbeiten. *(Liest aus Akten vor.)* Leitende Seele, ehemals weiblich, Marxistin, aber durchaus nicht ungläubig, weigert sich außerirdische

Autoritäten anzuerkennen, besteht auf wissen-
schaftlicher Weltanschauung und weiß überhaupt alles besser. Jetzt sitzt sie im Fegefeuer
und diskutiert mit den himmlischen Heer-
scharen über Emanzipation.

Petrus: Auch so modernes Teufelszeug.

Teufel: Viel schlimmer – Menschenwerk.

Gott: Du meinst, das hilft uns weiter, Luzifer? Nun
ja, wir wollen nichts unversucht lassen. Petrus,
rufe sie.

Petrus: Am Ende kommt der Marx noch selber in den
Himmel!

Gott: Na und, Marxisten fressen keine Himmels-
pförtner.

Petrus: Viel schlimmer, sie verleugnen uns!

Gott: Hast du nicht auch verleugnet ... damals?

Petrus: Aus Angst, aber nicht aus Überzeugung.

Teufel: Wie viele Überzeugungen entstehen aus Angst
vor dir, oh Herr.

Gott: Ruf die Genossin und fürchte dich nicht.

Petrus: In deinem Namen! He, Genossin, der Herr er-
wartet dich!

Genossin: Natürlich, das hab ich mir gedacht – der Herr
der Schöpfung! Alles Männer hier in leitenden
Funktionen! Kollegen, so geht das nicht weiter
hier oben. Das ist ja der reine Männerhimmel!

Petrus: Hab ich's nicht gesagt – Marxisten kritisieren
selbst den Himmel!

Gott: Immerhin gibt sie ja zu, dass das der Himmel
ist.

Genossin: Wir Marxisten waren immer für die Anerkennung der real existierenden ... obwohl ich vor
einer Woche noch geschworen hätte ...

Gott:	So, so. Geschworen wird bei euch also trotzdem. Du kommst, wenn wir nicht irren, aus einem sehr kleinen, aber nunmehr anerkannten Fleckchen unseres Universums …
Genossin:	Ich komme aus der DDR.
Gott:	Ja, DDR – so hieß das Fleckchen. Und was hast du da gemacht?
Genossin:	Ich war Kaderleiterin. Ich habe unsere Menschen …
Gott:	Eure Menschen? Was sind das für Leute?
Genossin:	Na, eben Menschen.
Gott:	*(lächelt)* Also unsere. Fahre fort.
Genossin:	In der DDR leben mehr als zwei Millionen organisierte Kommunisten.
Teufel:	Hilf mir, oh Herr – zwei Millionen! Und alle kommen zu mir in die Hölle!
Gott:	Fasse dich, Luzifer – wir sehn ins Herz, nicht ins Parteibuch. Die guten Marxisten lässt der Herr nicht im Stich.
Genossin:	Was denn, das stimmt also wirklich?
Gott:	Natürlich. Nicht alles, was ihr da unten redet, ist erfunden. Aber sprich von dir. Du warst Kaderleiterin.
Genossin:	Ich hatte zu entscheiden, wer wohin kommt.
Petrus:	Das Amt verwalte ich hier oben.
Genossin:	Dann sind wir wohl Kollegen? Sagen Sie mal, nach welchen Kriterien wird hier entschieden? Ich meine, wenn man jemanden erst mal eingestellt hat, dann hat man ihn doch für immer und ewig …
Petrus:	Hier oben ja.
Genossin:	Also dann seid ihr uns überhaupt nicht voraus. Aber wie sichert ihr euch denn ab? Ich meine,

es ist doch schon schwer, überhaupt jemanden zu finden ...

Petrus: Hier oben haben wir das Monopol. Bei uns klopft jeder einmal an.

Genossin: Da sind wir euch voraus. Monopole gibt's bei uns nicht mehr. Wie haben Kombinate.

Gott: Wenn ich den kleinen Erfahrungsaustausch unterbrechen darf – was hast du denn konkret getan?

Genossin: Konkret? Ich war Kaderleiterin. Ich wollte immer nur das Beste für die Menschen.

Gott: Sehr schön. Aber was ist denn das Beste?

Genossin: Naja, das Beste ist natürlich, wenn alles ruhig läuft. Ich meine, wenn jeder an seinem Platz für das Glück der Gesellschaft und damit auch für das eigene ...

Teufel: Wie soll denn das ruhig laufen – für das Glück der andern und für das eigene?

Genossin: Alles eine Frage des Bewusstseins.

Gott: Du meinst, des Glaubens?

Genossin: Bei uns heißt das Bewusstsein. Das Sein haben wir im Griff, mit dem Bewusstsein haben wir noch Schwierigkeiten.

Teufel: Da reicht, eure Menschen sind glücklich, sie wissen es nur noch nicht ...

Genossin: Unsere Menschen sind eben trotz allem auch nur Menschen. Was haben wir nicht alles versucht – sogar Gebote der sozialistischen Moral haben wir aufgestellt.

Gott: Ihr habt euch selbst Gebote aufgestellt?

Genossin: Hat sich aber nicht bewährt.

Gott: Ja, wir haben da auch unsere Erfahrungen. Seit Jahrtausenden!

Genossin:	Verstehe – klassisches Erbe. Haben wir auch gepflegt.
Gott:	Und trotzdem sind eure Menschen nicht so ganz glücklich?
Genossin:	Natürlich sind sie es, wie der Kollege da *(zeigt auf den Teufel)* eben bemerkt hat. Und wenn sie trotzdem meckern, dann tun sie das nur, weil sie ja nicht glücklich wären, wenn sie nicht meckern könnten.
Teufel:	Das nenne ich einen Widerspruch.
Genossin:	Natürlich. Widersprüche sind ja auch die Triebkraft unserer Gesellschaft.
Gott:	Nicht Harmonie?
Genossin:	Harmonie haben wir auch, sogar viel Harmonie. Aber es braucht eben alles seine Zeit. Eine glückliche Gesellschaft errichtet man nicht in dreißig Jahren. In fünfzig oder hundert Jahren sieht alles schon ganz anders aus.
Teufel:	Und sowas nennt ihr oben ungläubig! Die kommt auf keinen Fall zu mir in die Hölle. Sowas diskutiert ja selbst den Teufel in den Sack.
Petrus:	Hier oben ist kein Platz für zwei Kaderleiter, wie sie das nennt.
Gott:	Ja, also ewig möchte ich dich auch nicht um mich haben, meine Tochter. Ich hab's!
Teufel:	Mein Gott, jetzt hat er's!
Gott:	Wir schicken sie nochmal zurück. Sollen doch die Menschen mal allein versuchen, sich den Himmel auf Erden zu errichten.
Petrus:	Was denn – zurück zur Erde soll sie? Aber was wird sie denn da unten über uns hier oben rumerzählen?

Gott.   Da sei beruhigt, lieber Petrus. Als Marxistin
               kann sie den ganzen Himmel nur für einen
               bösen Traum halten. Amen!

                                                         1981

■■■■■■■■■■■■■■■■■■■■■■■■■■■■■■■■■■■■■■

Unter uns gesagt

*(Frau Munter und Frau Mau sitzen unter der Trockenhaube beim
Friseur.)*

Mau: Grüß Gott, Frau Munter! Na, auch mal wieder un-
            ter der Haube?
Munter: Vor Ihnen kann man aber auch nichts verbergen,
            Frau Mau. Schon seit vier Wochen und immer
            noch glücklich.
Mau: Was Sie nicht sagen, liebe Munterchen! Darf man
            denn auch erfahren, wer der Glückliche ist?
Munter: Aber nur, wenn Sie es für sich behalten. Mein Al-
            win ist nämlich Geheimnisträger und das darf na-
            türlich keiner wissen.
Mau: Aber das ist doch keine Schande! Wer hat heut-
            zutage keinen Geheimnisträger in der Familie?
            Schließlich haben wir doch alle unsere süßen klei-
            nen Geheimnisse miteinander. Also man soll das
            ja nicht laut sagen, aber mein Gatte kommt an Ge-
            heimnisse heran, die so geheim sind, dass ich nicht
            einmal mit meiner Friseuse darüber reden kann.
Munter: Das verstehe ich ja noch. Aber mein Verflossener
            hatte Geheimnisse, von denen *ich* nicht einmal et-
            was erfuhr.

Mau:	Was Sie nicht sagen – doch nicht etwa mit seiner Sekretärin?
Munter:	Wo denken Sie hin? So etwas wäre doch in einem sozialistischen Großbetrieb nicht geheim zu halten.
Mau:	Ja, das sagt mein Mann auch immer.
Munter:	Bei meinem Verflossenen wurde das zu einer richtigen Manie. Das war nämlich ein *echter* Geheimnisträger.
Mau:	War der beim MdI?
Munter:	Nein, bei der BVB.
Mau:	Ist das noch mehr?
Munter:	Natürlich. Die tragen doch Uniform.
Mau:	Ah, Uniform – und Geheimnisträger!
Munter:	Ja! Und der unterstand bei der Straßenbahn direkt dem Generalbevollmächtigten beim Ministerrat für die Abfahrtszeiten.
Mau:	Ach! Und die Abfahrtszeiten sind geheim?
Munter:	Ja, die weiß keiner. Und die Uniform ist dann da, dass ihn keiner öffentlich zu kritisieren wagt.
Mau:	Aber die Abfahrtszeiten hängen doch öffentlich aus!
Munter:	Aber meine Liebe! Das sind doch Fantasiezeiten, um den Gegner irrezuführen. Als ich meinem Mann einmal sagte, dass er im Schlaf gesprochen hätte, weigerte er sich sofort, weiter mit mir in einem Zimmer zu schlafen.
Mau:	Naja, im Bett spricht sich ja auch einiges herum. Mein Mann sagt immer: Was früher die Sonne an den Tag bringen musste, das schafft heute ein einfaches Doppelbett.
Munter:	Wie heißt denn eigentlich die Dienststelle Ihres Mannes?

Mau:	Mifku.
Munter:	Ist das Umweltverschmutzung?
Mau:	Natürlich, aber das ist geheim, das nennt sich nämlich Ministerium für Kultur.
Munter:	Ich hab gar nicht gewusst, dass es im Kulturministerium auch Geheimnisse gibt.
Mau:	Das ahnt man ja auch nicht. Aber selbst die Telefonnummer ist geheim. Es gruselt einen richtig, wenn man dort anruft und eine verschwiegene Männerstimme geheimnisumwittert nichts sagt, als: Hallo, Teilnehmer?
Munter:	O ja, dann weiß man doch gleich, dass man nicht wissen darf, wo man da anruft. Wie ja überhaupt die wichtigsten Geheimnisse die sind, die man eigentlich gar nicht wissen soll.
Mau:	Richtig! Wenn Sie da zum Beispiel fragen, was spielt diesen Monat das Deutsche Theater?, dann hören Sie nur: Das dürfen wir Ihnen nicht sagen. Das ist geheim. Bitte, informieren Sie sich an der Litfaßsäule.
Munter:	Es ist schon sehr schön, wenn man von einem Geheimnisträger überhaupt mal eine Antwort erhält.
Mau:	Ja, es ist schon eine gewaltige politische Verantwortung, die Gattin eines *höheren* Geheimnisträgers zu sein.
Munter:	Ach, gibt es da Unterschiede?
Mau:	Natürlich! Mein Schwager ist bei der Reichsbahn. Uniformträger, aber nur einfacher Geheimnisträger.
Munter:	Und was wissen die?
Mau:	Die Abfahrtszeiten der Züge.
Munter:	Und die höheren Geheimnisträger?

Mau:	Die Abfahrtszeiten der Züge in die SU.
Munter:	Ich habe auch einen Schwager.
Mau:	Ach, das habe ich ja gar nicht gewusst. Das ist ja interessant.
Munter:	Der ist Gärtner und schon 71 Jahre alt.
Mau:	Ach, da kann er ja schon als Rentner reisen.
Munter:	Nein!
Mau:	Nein?
Munter:	Nein – der ist Gärtner im Staatsapparat.
Mau:	Na, wissen Sie ...
Munter:	Nein! Nein! Nur ein Beispiel: Vorige Woche schickte man eine Edelbirke aus Karlovy Vary nach Berlin. Und das wurde verraten!
Mau:	Mein Gott! Das wurde verraten?
Munter:	Nur angenommen. Jetzt kann sich der Gegner folgendes ausrechnen: In fünf Jahren wächst eine Birke um 1,73 Meter.
Mau:	Ist zu viel!
Munter:	Denken Sie vielleicht, die tschechischen Birken stehen nicht im sozialistischen Wettbewerb? Das ergibt zwölf Kubikmeter Baumholz in fünfzehn Jahren.
Mau:	Ist zu viel!
Munter:	Sie haben wohl vor fünfzehn Jahren Mitschurin nicht gelesen? Na, sehen Sie! Mit diesem Holz – rechnet der Gegner aus – kann man eine Brücke bauen. Und nun weiß der ganze fiese Imperialismus, ob da ein U-Boot drüber wegfliegen kann.
Mau:	Ein U-Boot?
Munter:	Oder besser: ein Kampfflugzeug drunter hertauchen kann.
Mau:	Können unsere Flugzeuge überhaupt tauchen?

Munter:	Natürlich! Aber das ist geheim.
Mau:	Weiß der Gegner das nicht?
Munter:	Doch! Aber das ist ganz geheim. Was ich Ihnen jetzt anvertraue: Erich Honecker hat gesagt: Unsere sämtlichen Erfolge sind ein offenes Geheimnis.
Mau:	Aber warum denn ein Geheimnis?
Munter:	Aber Mauchen, weil sie sich als Geheimnis doch noch besser herumsprechen!

1974

Es geht ja auch so!

Ich habe schon oft darüber nachgedacht:
Warum wird so vieles nicht besser gemacht
bei Dingen, die jedermann irgendwann stören,
obwohl sie doch nur zu den kleinen gehören?
Warum gibt's in Gaststätten nur stumpfe Messer?
Warum funktioniert die Versorgung nicht besser?
Die Antwort kennt jeder von uns irgendwo:
Es geht ja auch so!

Es lächelt der Vater gern über den Sohn.
Der will alles ändern, doch was weiß er schon
von dem, was der Vater als Junger gedacht hat
und was er am Ende dann doch nicht gemacht hat.
Auch er wollte einst alles anders auf Erden!
Dann kamen die ersten Magenbeschwerden,
und schließlich war es ja warm im Büro –
es geht ja auch so!

Warum wird so vieles bei uns nur gedacht
und dann aus Bequemlichkeit doch nicht gemacht?
Warum werden so viele Reden gehalten
und dann bleibt am Ende doch alles beim Alten?
Warum wird von Mut und von Fortschritt gesprochen
und trotzdem dem Chef in den Hintern gekrochen?
Warum scheut so mancher das Risiko?
Es geht ja auch so!

Warum wird so häufig nur Ausschuss gemacht?
Warum wird so selten noch selber gedacht?
Warum sagt so Mancher zu Manchem: es geht nicht
und meint doch im Grunde nur: Freunde, das steht nicht
im Plenum, und werd ich denn mehr wissen wollen
vom Können und Müssen und Dürfen und Sollen?
Ich habe Familie und Bungalow!
Es geht ja auch so!

Auch wir, liebe Freunde, gehören dazu.
Wir sind sozusagen so ganz entre nous.
Man kann sicher besseres Kabarett machen.
Man soll über manches vielleicht gar nicht lachen.
Man kann sicher vieles noch viel besser sagen.
Wir könnten noch viel mehr Pointen vertragen.
Doch weshalb verlangt ihr grad hier mehr Niveau?
Ihr kommt doch auch so!

1973

Ein letztes Märchen

Liebe Kinder und Kindeskinder, liebe Enkel und Urenkel!

Es war einmal eine deutsche Revolution. Eine Teilrevolution. Denn sie fand nur in dem Teil des Landes statt, wo das Unrecht geherrscht hatte. Im anderen Teil brach indessen eine ungeteilte Begeisterung aus, die zuerst der fremden Revolution, dann dem eigenen Rechthaben galt. Während die Revolutionäre – noch ein wenig trunken – den Sieg über das eigene Unrecht feierten, hielt das fremde Recht ganz nüchtern bei ihnen Einzug, ohne dass sie es – wie etwa das Kapital – erst rufen mussten. Und siehe, die tapferen Revolutionäre fürchteten sich sehr vor dem neuen Recht. Aber aufhalten konnten sie es nicht. Denn sie waren müde vom Kämpfen und wohl auch ein wenig erstaunt über ihren Sieg. Die Zuschauer hingegen hatte das Spektakel erst so richtig munter gemacht. Wie gesagt, es war eine deutsche Revolution und bei deutschen Revolutionen siegen am Ende doch immer die Zuschauer. Revolutionäre machen nur Dreck. Politiker aber machen ihn weg. Und wenn sie nicht von selbst gestorben sind, dann wählen wir sie noch heute.

Wir sind nur einmal wir selbst gewesen.
Novembertage sind so kurz.
Schon im Dezember waren wir genesen
und heute ist uns alles schnurz.
Wir sind nur einmal so doof gewesen.
Wir leben heute oder nie.
Denn für die D-Mark
sind Träume eh Quark.
Und Hoffnung ist nur Utopie.
Wir sind integer, wir weißen Neger –
wir Eingebornen dieser Kolonie!   1990

Uns gab's nur einmal –
vor und hinter der Gardine

Liebes Volk!

Ich habe mich beauftragt, eine Rede an dich zu halten, denn du kannst mir zwar das Wort entziehen, aber nicht das Manuskript, dass mir mein hochverehrter Genosse H ..., Genosse a.D. aufschreiben ließ, damit ich weiß, was ich denke.

Ich habe immer noch eine Funktion in der mittleren Ebene. Meinen Sessel hat bisher noch keiner gefunden, denn es gibt zu viele davon, als dass unsere Rechentechnik sie alle finden könnte. Deshalb kann ich hier in voller Verantwortung sagen – und ich sage das auch im Namen der zurzeit Namenlosen: Ein Jahr ging seinem Ende entgegen – wir nicht!!!

Wenn wir auch andersartiges Rotwild nicht mehr abschießen können, so haben wir doch keinen Grund, die Flinte ins Korn – in unseren Ährenkranz aus Korn – zu werfen.

In unseren ewigen Jagdgründen wird uns selbst ein linker Rechtsanwalt nicht finden. Auch wenn mein Anstand noch so groß ist! Ihm rufe ich zu: Wir halten uns länger als du!!!

Freilich konnten nicht alle Tricks gelingen. Wie kann man auch von einer Führung verlangen, an der Spitze zu marschieren und gleichzeitig noch das Gesicht dem Volke zuzuwenden. Das soll mir mal einer von den ewig Morgigen vormachen, ohne zum Wendehals zu werden!

Nein, wir haben keine Mühe gescheut, dem Volk hinterherzulaufen. Nun gut, wer dem Volk hinterherläuft, hat es zwar nicht hinter sich, kann aber mit Sicherheit besser beobachten, wer da außerhalb der Reihe marschiert. Und auch da haben wir im entscheidenden Augenblick Bürgernähe bewiesen und die Behauptung widerlegt, die Familie sei die kleinste Zelle der Gemeinsamkeit.

Und, liebes Volk!

Wenn jetzt die Rede so oft von Amtsmissbrauch und Korruption ist, so kann ich hier nur sagen: Ich war zwar in der Verantwortung, aber ich habe von alledem nichts gewusst.

Sind unsere Swimmingpools auch beheizt, wir gehen nicht baden! Niemand kann beweisen, dass wir mehr verbrauchten, als das Volk verarbeitet hat. Das kann niemand beweisen! Dafür werden wir sorgen!!!

Und deshalb rufe ich dir mit meinem unerschütterlichen historischen Optimismus zu: Unsere Zeit wird wiederkommen!!!

Getreu der alten Arbeiter- und Bauernregel »Wenn's Silvester hat geschneit, ist das Neujahr nicht mehr weit«. Nie werde ich zulassen, dass ich zum Abtreter für noch saubere Füße werde. Ich fühle mich von den ehrlichen Genossen verraten. Aber ich sammle mich. Keiner soll glauben, er könne ungestraft das Volk gegen unsere Menschen aufwiegeln!

Ich warne euch!!! Auch ich liebe euch alle!!!

1990

Wissen Sie eigentlich, dass wir Kabarettisten in der DDR alle ODW sind? Nee, nee, keine Angst, das ist keine neue Partei. Wir sind ODW, Opfer der Wende! Die Entwicklung draußen ist so schnell, dass wir hier drin gar nicht mehr mit dem Spielen hinterher kommen.

Zum Beispiel: Am 1. Dezember hatte ich früh um 10 Uhr Probe für ein wunderbares Solo. Ein Kinderbrief an Egon Krenz – um 10 Uhr trat der Mann zurück! Ich glaube, ich war der einzige in der DDR, der darunter gelitten hat. Was ich heute spiele, ist doch morgen schon wieder von vorgestern. Ach, wäre das schön, wenn es noch so wäre wie damals, als wir in unseren Grenzen von 1961 uns immer wieder vereinigten zu den schönsten Lachsalven über die ewig gültigen Witze ... und wir Kabarettisten haben gar nicht so schlecht davon gelebt, dass einem nichts Neues einfallen durfte. In gewisser Weise geht es uns jetzt wie den ehemaligen Mitarbeitern des MfS – wir müssen völlig ungewohnte Arbeit tun. Und uns bietet kein Mensch Lohnausgleichszahlungen an.

Unsere soziale Sicherheit war die Zensur. Sie verbot uns einfach, aktuell zu sein. Plötzlich müssen wir, was wir gar nicht können durften. Und dann die Medien – also, sie sollen es alles endlich wieder so schön machen wie früher, damit wir wieder unsere Schmutzarbeit allein machen können. Wie sah es denn noch vor Kurzem aus? Da haben wir im Kabarett die Medien fertiggemacht – und plötzlich schlagen die zurück! Jetzt machen sie uns fertig, indem sie uns so oft und so lange über alle Sender jagen, bis uns am Ende wieder keiner mehr sehen will. Und so bekommen nachträglich der kleine Adameck – das war unser Tele-Zwerg mit dem Riesenapparat – und der große Herrmann – der ehemalige Stimmungsmacher der Nation, der bestimmte, welche Stimmung bei uns zu herrschen hatte – also, die bekommen dann im Nachhinein doch wieder recht – Satire gehört nicht auf den Bildschirm. Satire machen die Politiker da allein. Natürlich beherrschen die im Westen das auch wieder viel besser, weil, man kennt sie. Welcher unter unseren neuen Politikern ist denn schon satire-reif?

Zur Karikatur gehört doch erst mal ein Profil. Noch kann ich kaum eins erkennen, nur das verbissene Bemühen, sich unendlich zu profilieren. Manche von denen, die ich früher schon kannte, haben sich inzwischen so umprofiliert, dass ich sie gar nicht mehr wiedererkenne. Aber ihre Programme sind alle gut, weil sie ja nun geschlossen alle für alles Gute sind – einer gegen den anderen. Ist ja auch schwierig. Zurzeit haben wir eine selbsternannte Regierung und eine selbsternannte Opposition. Es ist schon komisch, da haben wir nun plötzlich Glasnost und keiner sieht mehr durch.

Nehmen Sie nur den Wahlkampf – wann hatten wir eigentlich den letzten? Fragen Sie Ihre Oma! Jetzt haben wir gleich zwei. Die drüben kämpfen ihren ja auch gleich bei uns mit aus. Ein Abwasch. Kohl ruft: Wir sind ein Volk, also folgt mir – aber bleibt, wo ihr seid. Als Lafontaine das lange vor ihm gesagt hat, das mit dem Hierbleiben, da hat er seiner SPD damals sehr geschadet. Ich hatte noch gedacht, der Mann denkt vor, dabei hat er dem Kohl nur vorgesagt, damit der nicht plötzlich nachdenken muss, was er redet.

Genscher will Außenminister auf Lebenszeit bleiben, also mischt er sich nach außen hin nicht ein. Und bei uns wird so viel gemischt, das sieht beinahe so aus wie der reine Gemischtwarenladen, bisschen sozial, bisschen ökologisch, bisschen Marktwirtschaft – von allem ein bisschen. Soziale Marktwirtschaft kommt mir vor wie ein bisschen schwanger. Geht das denn?!

Wo kommen die so plötzlich her bei uns, die vielen Politiker. Ein paar kommen aus der Kirche, nicht die schlechtesten übrigens. Also, der Schorlemmer, der Pastor aus Wittenberg –

da kam doch schon mal einer her – also, der redet und redet lauter vernünftiges Zeug. Den würde ich ja auch gern mal wählen. Aber weiß ich, ob er nicht inzwischen schon wieder die Partei gewechselt hat, bevor ich ihr meine Stimme für ihn gegeben habe?

Überhaupt machen mir die Wahlen Angst. Da soll nun plötzlich geheim gewählt und öffentlich ausgezählt werden. Früher war das übersichtlicher. Da wusste man doch wenigstens, was rauskommt, weil man sowieso wusste, es kommt nichts raus. Bei den jüngsten Mai-Wahlen hab ich ihnen ja ein Schnäppchen geschlagen. Ich bin unter den bösen Blicken der Wahlhelfer in die Kabine geschlüpft, bevor sie mir falten helfen konnten. Ich hab ganz geheim alle Namen durchgelesen und keinen gestrichen. Und dann habe ich mit meinem bösen Blick unter dem bösen Blick des Wahlhelfers meine potenzielle Nein-Stimme in der Urne begraben. So viel war doch klar, wer in die Kabine ging, war ein Feind, egal, was er darin tat. Unser Geheimnis lag ja eben in der Auszählung, nicht in der Abstimmung.

Worin aber liegt nun das Geheimnis der nächsten Wahl? Darin, dass wir endlich mal nicht wissen, was wir eigentlich wählen. Drüben kann man doch sicher sein – ob CDU, SPD, FDP, die Deutsche Bank bleibt dran.

Aber auf welche Bank setzen wir denn nun? Ich weiß nicht, ob ich noch auf meine Sparkasse setzen kann. Frau Luft sagt, ich könnte. Nun ja, sie ist Ökonomin. Aber weiß ich, ob sie mit Geld umgehen kann? Und wie schnell wird aus der ehemals linken Revolution ein rechter Winterschlussverkauf. Die Kassen sind voll, die Lager sind leer und uns bleibt wieder nur die reine Lehre.

Nein, ich möchte lieber drüben wählen. Da weiß man, woran man bleibt. Aber was weiß ich, wohin mich das schnurstracks führt? Am besten ist vielleicht, man wählt gar keine Partei, sondern nur noch Menschen. Aber wer bleibt noch Mensch, wenn er erst gewählt ist? Irgendwer im Westen hat mal gesagt, die Bezeichnung »korrupter Politiker« wäre ein Pleonasmus, also ein weißer Schimmel. Demnach bleibt einem doch die Wahl zwischen einer Korruption und der anderen. Haben Sie sich schon entschieden?

1990

Lied, allen unbekannt gebliebenen Genossen gewidmet

(Melodie: The Beatles »Yesterday«)

Jestern eh, war ich Mitglied in der SED.
Unterm Abzeichen tut's heut noch weh –
mir tut heut noch jestern weh.
Plötzlich bin
ich alleine, denn ich bin noch drin.
Und mir ist, als ob ich schuldig bin.
Bis jestern eh warn alle drin.
Geh ich heut nicht raus,
flieg ich aus
der BVG.
Ich weiß nicht wohin,
denn ich bin
von jestern eh.
Wenn ich heut so in die Runde seh,
war ich ganz allein die SED.
Wem tut heut noch jestern weh?
Wem tut heut noch jestern weh?

1991

Können Sie sich noch erinnern? Uns gab es wirklich nur einmal, das allerdings vierzig Jahre lang – die kleine Vollbeschäftigteneinheit DDR. Zuerst gab es uns auf freier Wildbahn. Da konnten wir nicht überleben. Dann kamen wir in den Käfig. Da wollten wir nicht überleben. Und jetzt sind wir wieder auf freier Wildbahn. Ob wir das nochmal überleben?

Wir hatten uns doch so an uns gewöhnt. Alle sprachen wir von »uns«, niemand von sich. Eine selbstlose Gesellschaft waren wir. Auch jetzt wären wir uns gern selbst wieder los. Aber keiner will uns so richtig. Damals – als Brüder und Schwestern – waren wir begehrt. Jetzt sind wir allenfalls noch weit entfernte Verwandte.

Wir haben unsere Identität verloren. Was das war? Kein Westgeld haben. Dadurch zeichneten wir uns vor den Restdeutschen aus. Wir waren die armen Verwandten, die man getrost einladen konnte. Wir kamen ja nicht. Seit wir kommen und selber Westgeld haben, kennen uns keine Verwandten mehr, wenn wir betteln kommen. Wir erhielten zum Abschluss schließlich alle eine kleine Abfindung eins zu eins. Mit dem Rest müssen wir uns jetzt abfinden. Aber wer sich vierzig Jahre mit einer Diktatur abfand, für den ist Demokratie ein reines Geschenk. Und geschenktem Gaul guckt man nicht aufs Maul.

Die demokratischen Politiker können sagen, was sie wollen, wir müssen nicht mehr dran glauben. Darauf sind Politiker nicht angewiesen. Sie müssen nur einmal gewählt werden, den Rest tun sie dann allein. Früher konnten wir immer sagen, wir können nichts für unsere Regierung. Wir haben sie ja nie gewählt. Von der neuen Regierung können wir das nicht sagen, nicht mal die, die sie gar nicht gewählt haben. Denn wie wollen Sie das beweisen, bei geheimen Wahlen? Wären die Wahlen nicht geheim … Also können Sie sich vorstellen, dass bei offener Abstimmung sich jemand traut, die Hand für Kohl zu heben? Heimlich wählen ihn viele, aber öffentlich wagt man über ihn nur zu lachen. Er hat eben einen hohen Unterhaltungswert als Politiker. Er sorgt für Ablenkung von seiner Politik – unser Kanzler.

Merken Sie es – man bleibt eben doch DDR-Bürger –, unser Kanzler, nie würde es mir einfallen, ihn mein Kanzler zu nennen. Privateigentum verpflichtet nämlich, während Allgemeineigentum zu nichts verpflichtet. Das haben wir ja vierzig Jahre lang praktiziert. Immer wieder verpflichteten wir uns zu nichts und heraus kam zum Schluss gar nichts. Dann haben wir im Frühjahr rasch eine freie, stellvertretende Regierung gewählt … Also, den Spaß haben wir den Bundesbürgern noch gemacht. Wir haben genauso gewählt wie sie. Haben die gelacht über uns. Dabei haben wir ihnen doch nur nachgewählt. Deshalb können wir beim nächsten Mal ja auch gleich zusammen wählen. Das Ergebnis steht fest – es wird gesamtdeutsch sein.

Früher hat die SPD ja immer gehofft, die DDR mache den Kohl nicht fett. Aber der haben wir's ja nun bewiesen. Wir liegen eben rechts von der Elbe. Wenn die jetzt drüben sagen, wir sollten ihnen bloß nicht alle Fehler nachmachen, die sie uns vorgemacht haben, können wir nur sagen, uns braucht keiner was vorzumachen. Im Nachmachen waren wir schon immer Meister. Wir haben die Sowjetunion noch fünf Jahre nachgemacht, als Gorbatschow schon längst aufgehört hatte, uns was vorzumachen. Das war das einzige Mal, dass die DDR einen eigenen Weg ging. Wohin das führte, haben wir ja alle erlebt.

Also bloß nie wieder, nie, nie und niemals nicht was Eigenes! Denn was hat uns die ganze Bürgerbewegung gebracht? Den Run auf die D-Mark. Und was hat uns die D-Mark gebracht? Den Sturz in die Arbeitslosigkeit. Und was wird uns die Arbeitslosigkeit bringen? Dass die, die noch nicht arbeitslos sind, so ranklotzen werden, dass wir die Arbeitslosen drüben noch miternähren können. Vorausgesetzt natürlich, wir nutzen unseren Standortvorteil. Worin der besteht? Darin, dass unsere Löhne tiefer bleiben, als drüben die Arbeitslosenhilfe ist. Das ist nämlich erst das wahre Glück – Arbeit haben und dafür noch Arbeitslosengeld kriegen. So wollte ich schon immer mal vereinigt werden.

Uns gab's nur einmal. Uns gibt's nicht wieder.
Wir waren zu schön, um wahr zu sein.
Wir waren ein Wunder, so treu und bieder.
Wir saßen brav in unserm Schrein.
Uns gab's nur einmal. Uns gibt's nicht wieder.
Uns gab's vielleicht auch nur im Traum.
Das kann's im Leben
doch gar nicht geben –
ein Paradies auf engstem Raum.
Doch unser Segen –
wir waren dagegen.
Ein jeder kämpfte, sei's auch nur im Traum!

1990

■ ■

Der Mensch gewöhnt sich an alles

Nach allen großen Katastrophen
werden wir kurz mal zu Philosophen.
Dann sagen wir: Halt! So geht das nicht weiter.
Ab morgen ist jeder von uns gescheiter.
Das Fernsehen erregt sich.

Die Presse überschlägt sich.
Doch schon nach wenigen Tagen
beruhigen Herz sich, Gewissen und Magen.
Man kann wieder essen.
Denn zum Glück kann der Mensch ja vergessen.

Die Bäume sterben schon seit Jahren.
Nichts kann uns hindern, Auto zu fahren.
Auch Tschernobyl war für uns einst ein Schocker.
Doch wen reißt das heute hier noch vom Hocker?
Verhungernde Kinder –
sind's Neger, nein, Inder?
Man weiß zu viel, ums zu behalten.
Man ist zwar schockiert, doch man ist auch gespalten –
man muss ja auch essen.
Und zum Glück kann der Mensch ja vergessen.

An Regenwald und ans Ozonloch
denken wir hin und wieder mal schon noch.
Doch dann brennt der Golf, und alle erstarren.
Der Hunger, die Not sind nur noch ein Schmarren.
Man weiß zwar, so geht's nicht,
verzweifelt, versteht's nicht
und ahnt: Trotz aller Katastrophen –
was sagen im Ernstfall sich selbst Philosophen?
Man muss ja auch essen.
Und zum Glück kann der Mensch ja vergessen.

1991

Seit der Vati die rote Fahne vorm Mehrwert senkt,
und am Himmel statt Marx und Engels die D-Mark hängt,
zog die Jugend das Einheitsblauhemd geschlossen aus.
Selbst der Vati steht jetzt auf Nickys und Mickymaus.
Der Mercedesstern ist's, der jetzt in die Zukunft weist,
und bei INFAS wird schon ermittelt, was Jungsein heißt.
Endlich haben wir jetzt auch ein Ideal
und das heißt Kapital.
Bella, bella, bella Marie –
teurer war ein Ideal uns noch nie.
Bella, bella, bella Marie,
verlass mich nie.

Nun hast du ein Ziel vor den Augen,
damit du in der Welt dich nicht irrst,
damit du weißt, wie du's machen sollst,
damit du einmal besser leben wirst.
        Kauf dir für Geld den Platz an der Sonne.
        Bete zu Waigels buschigem Blick.
        Lasse die Hand von Hammer und Sichel.
        Sei wieder Michel – Geld ist dein Glück.

Und die Akten, die du ererbt von deinen Vätern – verbirg
    sie, um was zu besitzen.

Einmaleins , das macht eins –
Gedächtnis brauchst du doch keins.
Charakter schadet dem Menschen nur.
Auch der Schalck vertrug sich mit Strauß –
die zwei warn uns weit voraus.
Die größeren Strolche

verwischen als solche
die eigene Spur.

Kein Mensch bleibt mehr Genosse.
Gysi blieb einsam zurück.
Die Chefs sind wieder Bosse,
Beziehungen schmieden das Glück.
Denn oben herrscht ja Frieden –
ganz gleich ob schwarz oder rot,
man schlägt sich doch hienieden
nur noch ganz unten tot.

Für die aber, die das Bestehende loben, führen alle Wege
    nach oben.

Ihr seid jung, die Welt ist fertig,
diese schöne, freie Welt.
Euer Glück ist gegenwärtig
schon bei Quelle vorbestellt.
Lasst den Kopf nicht wieder denken,
das hat nie was eingebracht.
Wir, die euch die Zukunft schenken,
haben schon für euch gedacht.

Freiheit heißt das Abenteuer,
das wir euch organisiert.
Einmal dürft ihr selbst ans Steuer –
aber nur, wer sich gut führt.
Wir sind alt, die Welt ist euer,
aber nehmt sie, wie sie ist.
Nochmal wird die Welt nicht neuer …
das weiß jeder Realist.

1991

Wohin ich auch gucke, da seh ich,
wir Menschen sind anpassungsfähig.
Wir passen uns überall an.
Man muss uns nur sagen, woran.
Wie rot war noch gestern mein Pappi!
Heut schwört er auf Waigel und Schappi.
Und mich hat einst Margot erzogen –
ich habe schon immer gelogen.

Wer hochkommen will, der muss kriechen.
Wo's langgeht, das kann man ja riechen.
Die Arschlöcher sind alle rund.
Wer reinfindet, stößt sich gesund.
Kaum hab ich die Freiheit bekommen,
hab ich mich auch schon freigeschwommen.
Mich hat man fürs Leben erzogen –
ich habe schon immer gelogen.

Mit mir kann man jeden Staat machen.
Mit mir kann Großdeutschland erwachen.
Ich finde auch da meinen Platz.
Gesinnung war immer Ersatz
für Leute, die's nie zu was bringen.
Mich muss man zur Freiheit nicht zwingen.
Ich kriege alleine den Bogen –
ich habe schon immer gelogen.

Wie sagt der Volksmund?
Lügen haben kurze Beine.
Doch sie tragen die fettesten Schweine.

1991

Von Lenin befreit sind Straßen und Plätze
durch der Freiheit holden, belebenden Blick.
In Deutschland blühet Hoffnungsglück.
Der alte Erich mit seiner Metze
zog sich ins raue Moskau zurück.
Von dorther sendet er fliehend nur
ohnmächtige Schauer seniler Sprüche.
Der Rest macht eine Entziehungskur
und konzentriert sich aufs Wesentliche.
Überall regt sich dynamisches Streben –
Vergangenheit hat es bei uns nie gegeben.
An Idealen fehlt's im Revier.
Wir nehmen gebrauchte Autos dafür.
Dreh dich nicht um nach Marx und nach Engels,
das ganze Parteilehrjahr – verdrängel's!
Aus dem finsteren Einheitschor
dringt pluralistisch ein Volk jetzt hervor.
Jeder sonnt sich heute so gern
in seinem Widerstand gegen den Herrn.
Die, die einst folgsam Spalier gestanden,
wurden zu wilden Stürmern und Rächern.
Seit sie zu sich selber fanden,
dulden sie nichts Rotes mehr an den Dächern.
Aus des Zwangsjubels quetschender Enge,
aus der eigenen Fahnenpracht
haben sie's endlich zum Bausparn gebracht.
Sieh nur, sieh, wie befreit sich die Menge
durch die eigne Vergangenheit schlägt.
Da fällt auch die Kollwitz um im Gedränge,
und Brecht und Heine werden zersägt.
Und ganz vom Freiheitsdurst besoffen,

entfernen sie auch Heinrich Mann.
Die Hohenzollern dürfen hoffen,
denn die montieren wir wieder dran.
Und kommt's mal wieder zum Getümmel,
holn wir auch Stalin aus dem Himmel.
Im Ernstfall seufzet Groß und Klein –
so ist der Mensch, so muss er sein.

1991

■ ■

Endspiel im Himmel

(Erzengel Gabriele kommt mit dem Schwert über die Sünder.)

Mit Wonne hört der westlich Weise
der Brüder Reue-Wettgesang.
Der Teufel Reu ist Götterspeise
und süß schmeckt ihr Canossagang.
Der Anblick gibt uns Engeln Stärke,
macht heilig uns mit einem Schlag.
Vergessen sind die eignen Werke,
begraben bis zum jüngsten Tag.

Schwache sind süß, denn sie fürchten die Starken. Aber fürchtet
euch nicht, die guten Herren sind gekommen. Für euch reicht
es, wenn ihr gehorcht. Und Gehorsam verlernt sich doch nicht.
Darum seid ihr auch alle versetzt – von der Grundschule der
Diktatoren in die Hochschule der Demokratie. Euer schlechtes
Gewissen ist unser sanftes Reuekissen. Endlich haben wir nun
einen Abschnitt deutscher Geschichte, den wir uns ruhig merken können. Da gibt es auch nichts mehr zu verdrängen, denn

wir Guten kommen darin nicht vor. Mit eurem Mielke arbeiten wir alle deutschen Eichmänner auf. Denn was heißt doch gleich Wiedergutmachung der deutschen Geschichte? Mit den Erichs die Adolfs austreiben.

Und natürlich kann man einen Rechtsstaat auch unter Ausschluss des Rechtsweges einführen, also im Zweifel immer gegen den Angeklagten. Das neue Recht herrscht jetzt so absolut, dass sich das blöde Volk schon wieder nach der alten Rechtlosigkeit sehnt. Am liebsten würden manche alles nochmal von hinten anfangen. Freiheit und Sozialismus. Aber mit dem Anfangen ist jetzt endgültig Schluss. Der Markt regiert die Stunde. Die Revolutionäre von '89 können sich wieder setzen. Ja, widersetzen ist natürlich auch erlaubt, macht sich aber nicht mehr bezahlt. Die Revolution war stürmisch, die Sieger sind nur noch windig. Alles Gute kommt wieder von oben, fällt also dem Volk auf die Füße. Daher auch der Ausdruck Fußvolk. Kopf wird mit Volk nicht in Verbindung gebracht.

Die deutsche Wiedervereinigung hat ihren Höhepunkt überschritten. Wie jedes Happyend war auch sie eben nur der Anfang einer unendlich traurigen Geschichte. Aber fürchtet euch nicht. Der Glaube kann Götter ersetzen. Die deutsche Kirche ist wieder im Dorf und die Propheten sind unter Bergen von Stasi-Akten begraben. Und halten diese für ihr gelebtes Leben.

Wie sagte der Philosoph, als er nach Deutschland kam? Ich denke, also bin ich hier falsch.

1992

Sie haben so recht, die Brüder und Schwestern,
die jetzt so himmlisch über uns lästern –
Menschen im Osten sind Teufel von gestern.
Haben wir nicht auf die Mauer vertraut
und in ihrem Schatten rote Beete angebaut?
Statt auf den Kanzler der Deutschen zu warten,
bauten wir selbst Kohl an im ostdeutschen Garten.
Wir wagten vor zehn Jahren nicht mal zu ahnen,
dass die Bonner schon längst die Vereinigung planen.
Wir glaubten in unseren östlichen Welten,
dass bei uns die Gesetze des Westens nicht gelten.
Versuchten mit staatserhaltendem Lachen,
die Hölle auch noch bewohnbar zu machen.
Die Dichter äußerten feige Kritik
und beschönigten so noch die Republik.
Statt die Stasi bei sich selbst anzuzeigen,
übergingen wir sie mit teuflischem Schweigen,
sonnten uns täglich in Stalins Sonne
und warn allesamt Mielkes fünfte Kolonne.
Wir mieden Gefängnis und Irrenanstalt –
des DDR-Bürgers einzig rechtmäßigen Aufenthalt.
Dass unsere Arbeit nur Zwangsarbeit war,
nicht einmal das erkannten wir klar.
Wir lasen feige ND statt Spiegel und Bild
und die Mütter haben auch Mauerschützen gestillt.
Nicht mal dem späteren Stasi-Knilch
verweigerten unsere Mütter die Milch.
Die Kirche lenkte ab mit Friedensgebeten,
statt aus der Hölle hier auszutreten.
Stolpe verhandelte sogar mit solchen
SED- und Staatssicherheitsstrolchen.

Fast jeder von uns kannte einen Genossen
und hat weder ihn noch sich selber erschossen.
Das ist die Schuld, die an uns klebt –
wir alle haben einfach so gelebt, so gelebt.
Hier wurden schon Kinder zum Singen gebracht.
Ja, die kleinen Teufel haben sogar gelacht,
indes die Freiheitsglöckner im Westen
Trauer trugen zu unserem Besten.
CDU und SPD litten jahrelang
unter dem SED-Verhandlungszwang.
Und wie musste Schmidt einst in Güstrow büßen –
er musste die Stasi als Volk begrüßen.
Wie viele Politiker kamen hierher
und zielten mit dem Jagdgewehr
auf Mielke, Stoph und Honecker.
Sie haben zwar seinerzeit nicht getroffen,
doch hieß uns ihr Mut doch immerhin hoffen.
Wir trachteten Honecker nicht nach dem Leben,
drum musste Kohl ihm einen Staatsempfang geben.
Und während wir hier einen Schnitzler noch duldeten,
ahnten wir nicht, was wir Löwenthal schuldeten.
Wir haben die Linken im Westen verraten.
Drum werden sie jetzt in der Hölle braten.
Den Guten erkennt man an seiner Güte,
den Schlechten an seiner Schlechtigkeit,
den Engel aber an seiner Selbstgerechtigkeit.

1992

Ein Volksmärchen aus der guten alten DDR

Es war einmal ein armes, kleines Völkchen, das lebte mit seiner Regierung allein hinter einem hohen Zaun, und sie hatten dort keine Bananen und keine Tomaten im Winter, nur Äpfel und Rotkraut das ganze liebe Jahr über. Und die Regierung predigte öffentlich Apfelmus, fraß aber im Geheimen Ananas und Bananen.

Das arme Volk kam seiner reichen Regierung auf die verbotenen Südfrüchte und jagte sie aus ihren Jagdgebieten und ging endlich selbst in die Welt hinaus. Da begegnete ihm eine alte Frau, die hieß Marktwirtschaft und sah für ihr Alter blühend aus. Sie kannte den ganzen sozialistischen Jammer schon und schenkte dem welken Volk ein Zauberwort. Das hieß Kapital. Zu dem sollte es nur sagen: »Komm, Kapitaleken, komm – wir wolln aufs Ganze gehn!« Und sofort blühten die Kirschbäume im Winter und vom Himmel fielen Ananas und Bananen das ganze Jahr über für jedermann.

So waren sie ihrer Armut bald ledig, ließen das Kapital für sich arbeiten und bekamen selbst noch eine Arbeitslosenunterstützung. Sie lagen den lieben langen Tag in der Sonne, denn ihre verfallenen Häuschen hatten sie dem Kapital geben dürfen, damit es damit arbeiten konnte und ihnen Wohlstand und Glück bescherte in einem nie gekannten Überfluss von Waren des nicht alltäglichen Bedarfs.

Schließlich aber langweilte sich das faule Volk und verlangte wieder nach Arbeit. Als der Winter kam, wollte es seine billigen, aber warmen Wohnungen zurück. Auch mehrten sich die Stimmen, die wieder nach Rotkraut und Apfelmus verlangten. Doch das fleißige Kapital fuhr fort zu arbeiten, und wer da zurück wollte in sein dunkles, altes, verfallenes Haus, der musste sich durchfressen durch einen süßen Brei von Zinsen und Zinseszinsen, unter dem das Land nun endlich seine wahre Geborgenheit gefunden hatte. Denn auch sie, die Geborgenheit, war endlich zur Ware geworden. Und wer das Kapital hatte, der konnte sie überall käuflich erwerben, die ganze schöne Geborgenheit.

1992

Keine Sicherheit mehr

Frei zu sein bedarf es wenig
und wer frei ist, ist ein König.
Wo ist die Sicherheit, die mich bis eben
auf all meinen Wegen so schützend umgeben?
Die treulich und sachte
belauschte und wachte,
was immer ich machte,
was immer ich dachte.
Ihr galt zwar bis gestern mein menschlicher Hass –
doch auf sie war Verlass.
        Mielkes Auge wacht nicht mehr.
Ja, der Mann war zwar böse,
doch das war das Gute.
Man rückte zusammen.
Und unter der Knute
war jedem zumute,
als wäre nur Mielke der Böse,
man selber der Gute.
        Vater Staat wacht nun nicht mehr.
Ich war dagegen und trotzdem geborgen.

Der Staat machte sich ja für mich meine Sorgen –
das brauchte ich selbst nicht zu tun.
Wenn ich auch schmollte,
zu Hause laut grollte –
ich tat, was ich sollte.
Der Staat war mein Käfig und Kissen zugleich –
das war hart, man lag weich.
    Sicherheit gibt's nimmer mehr,
    Sicherheit gibt's nimmer mehr.

Nun hat mein Feindbild mich schnöde verlassen.
Ich mag nicht mehr leben. Denn wen soll ich hassen?
Was Identität ist weiß man erst, wenn es zu spät ist.
Waren sie auch schwedisch, es waren doch Gardinen,
durch die einst die sichere Sonne geschienen.
Und warm war's. Man wusste genau, was verboten war.
Ich war dagegen und wusste, weswegen.
Nun hab ich die Freiheit und steh vor der Tür,
doch ich weiß nicht wofür.

Sehen Sie und damit werde ich nicht fertig. Ich komme mir vor
wie eine alte, ausgediente Glühbirne, die ihre Fassung verloren hat, also den Platz, wo sie eigentlich hingehört. Ja, ich bin
fassungslos, sozusagen weg vom Strom der Zeit. Alles, was einem zu DDR-Zeiten in der Birne glühte, also dieser glühende
Widerstand hier oben, zählt nicht mehr. Nun bin ich also ausgebrannt und hänge fassungslos in der Luft. Oben ohne Anschluss, unten ohne Sicherung.

Als Freiheit noch Einsicht in alles war, was die Partei notwendig fand, da glühte ich noch und hielt das – wie andere ja
auch – für Widerstand. Mein Gott, tat das dem Selbstbewusstsein gut, als man den Widerstand noch in Parteistrafen maß.
Gegen den allmächtigen Parteistrom zu glühen, das verlieh

einem Leuchtkraft. Wofür soll ich jetzt noch brennen, wo Widerstand gar nicht mehr gefragt ist? Bei unserm sozialistischen Gleichstrom wusste man wenigstens noch, woran man war. Auf den freien Wechselstrom war unsereins einfach nicht vorbereitet. Gegen den Strom schwimmen haben wir doch nicht gelernt, nur glühen und zwar vor Wut … Ordinäre Glühbirnen leuchten nun mal nur, wenn sie mit ihrem dünnen Faden Widerstand leisten können gegen den dicken Strom, der durch sie durch will. Wer will jetzt noch durch mich durch? An solchen wie mir kann man doch heute einfach vorbei gehen. Ich bin frei bis auf die Knochen. Wenn ich den Strom nicht mehr leiten kann, leitet ihn ein anderer weiter.

In der freien Leuchtwirtschaft gibt es genug Lichtquellen, die höher, heller, weiter leuchten als wir ausgebrannten Ostbirnen. Narva rußt, wo Osram strahlt. Warte nur Osram, bald ruhst du auch. Vielleicht war ja auch das, was wir früher in der kleinen finsteren DDR für glühen hielten, wirklich nicht mehr als ein Glimmen. Wenn es ringsum dunkel ist, dann blenden auch die kleinsten Lichter und halten sich am Ende noch für große Leuchten. Nein, wir wollen unser DDR-Licht nicht unter den Scheffel stellen.

Schließlich haben wir jetzt alle unseren Platz an der Sonne gefunden und dürfen in den Mond gucken.

1993

Süße Freiheit

(Melodie: Carl Orff »Carmina burana« Nr. 5, Ecce gratum)

Süße Freiheit –
wir sind sauer,
wenn uns keiner unterdrückt.
Ohne Mauer
wird der Bauer
von der Freiheit ganz verrückt.
Hinterm Gitter
war's zwar bitter,
doch wir konnten nichts dafür.
Hinter der Gefängnistür
warn wir Armen doch im Warmen –
alles war so sicher hier.
So ein bisschen Diktatur
mit Schikanen
und Bananen,
die erträgt man still und stur.
Aber Freiheit
ohne Schranken
für Gedanken –
nein wir danken –
das ist schlimmer als Dressur.
Einen Ober,
einen Ober-
braucht der Untertan
sonst hat er keinen Halt.
Ohne Terror
wird er munter
und greift selbst zur Gewalt.
Ohne Rechte

bleiben Knechte
gute Bürger, also brav.
Doch zum Wolf wird leicht das Schaf,
wenn der Gute
ohne Knute
aufwacht aus dem Dauerschlaf.
Freiheit ist ein Ideal
für Gefangene
und Gehangene.
Draußen ist sie nichts als Qual.
Diktatoren kann
man verjagen.
Freiheit hat man
zu ertragen.
Gebt uns unser Jammertal!

1993

Frau in mittleren Jahren

Mir geht es gut, ich bin emanzipiert.
Meinen Job hab ich gern, ich bin motiviert.
Verheiratet war ich – das nebenbei –
nach zwei Versuchen bin ich jetzt endlich frei,
hab Zeit für meine Zweit-Promotion …
Ach ja, und manchmal seh ich auch meinen Sohn.

Mir geht es gut. Meine Wohnung ist hell.
Ich hab das, was ich brauche, auch finanziell.
Ich bin okay. Ich fühle mich stark.
Ich bin den Männern gegenüber autark.

Ich sehe gut aus – was will man denn mehr?
Das bisschen Liebe ist doch nichts als Verkehr.

Mir geht es gut. Ich geh gern zum Friseur,
in die Sauna. Ich trinke mäßig Likör.
Mir redet kein Mensch in mein Leben hinein –
ich bin emanzipiert, kann alles allein.
Ich weine nie. Oder höchstens aus Wut.
Nein, mir kann keiner. Mir geht es gut.

1993

Sachsens Autokönig

Sachsens Glanz und Sachsens Größe –
Blümchenkaffee, rohe Klöße,
Bachs Musik, das Porzellan,
Wagners Lohengrin mit Schwan –
alles wird man einst vergessen.
Unvergessen bleibt indessen:
Sachsen war das stolze Land,
wo man den Trabant erfand.

Jene kühne Knatterpappe,
feurig-heißer Kunststoff-Rappe,
dieser Autosonderfall –
nur der Motor war Metall.
Kein Mercedes lief so lange
qualitätsgleich von der Stange.
Sachsen war das Mutterland
für das Wunderkind Trabant.

Blaugelb warn die Abgasfarben,
die für Sachsens Hightech warben.
Unvergleichlich war der Klang
an der Schallmauer entlang.
Was selbst die Japaner wundert –
runter fuhr das Untier hundert.
Ja, es war von Meisterhand –
Zwickaus Ruhm war sein Trabant.

Haltbar war er wie kein zweiter.
Noch die Enkel fuhren ihn weiter,
den einst Opa zweiter Hand
für zehntausend Mark erstand.
Das Modell schien gottgegeben,
ewig schien sein Straßenleben.
Ruhe wohl nun am Straßenrand –
Sachsens König – mein Trabant!

1995

Sofa I

A: Ich sage nichts mehr.

B: Aber auf uns hört ja keiner.

A: Ich kann Ihnen sagen, was man haben müsste. Eine
     Idee müsste man haben.

B: Ach ja, eine Idee …

A: Aber man kann ja nicht alles haben.

B: Früher hatten wir wenigstens noch den Sozialismus.

A: Und ganz früher sogar den Nationalsozialismus.

B: Alles weggebrochen.

A: Naja, richtig geklappt hat ja beides nicht.

B: Aber das waren doch wenigstens noch Ideen.

A: Ja, damals wusste man als einfacher Mensch noch, wofür man war, auch wenn man immer nur dagegen war.

B: Heute weiß man einfach nicht mehr, wofür man ist, weil man nicht weiß, wogegen man ist.

A: Es sagt einem ja keiner mehr was.

B: Heute kannst du sein, wofür du willst. Hat keiner mehr was zu sagen.

A: Das zermürbt.

B: Nur die von der PDS – gegen die haben alle was.

A: Deshalb wissen die von der PDS auch als einzige noch, wofür sie sind.

B: Alle andern wissen endlich wieder, wogegen sie sind.

A: So gesehen ist die PDS ein richtiger Glücksfall für die Demokratie.

B: Ohne die PDS wüsste kein Mensch mehr, wer Peter Hintze eigentlich war.

A: Wer war das eigentlich?

B: Das hab ich vergessen. Irgend so ein Einweg-Politiker – hier rein, da raus.

A: Bloß schade, dass die PDS-Genossen auch nicht länger leben als die andern.

B: Denn: wer rettet dann die Solidarität der Demokraten, wenn es keinen Gysi und Bisky mehr gibt?

A: Irgendwas wird schon kommen.

B: Stimmt. Irgendwas kommt immer. Neulich hätte mich fast ein Baum erschlagen. Auf offener Straße.

A: Sowas kann einem die ganze Lebensplanung durcheinander bringen.

B: Aber die Menschheit bringt sowas auch nicht vorwärts.

A: Im Gegenteil. Der einzelne Mensch bringt alles nur immer durcheinander.

B: Es gibt zu viele einzelne Menschen.

A: Das ist es. Bei der zunehmenden Überbevölkerung wäre mal wieder eine größere Idee fällig.

B: Diese kleinen Terroranschläge der Fundamentalisten sind keine Lösung.

A: Auch die chinesische Lösung ist nicht mehr das, was sie mal war.

B: Weil die Wirtschaft jetzt dagegen ist?

A: Die deutsche Wirtschaft wegen der Menschenrechte.

B: Nein, die chinesische wegen der Handelsbeziehungen.

A: Ich hab übrigens nichts gegen Chinesen. Es gibt da auch ganz süße Kinder drunter.

B: Wenn ich ein Kind hätte, ich hätte nichts dagegen, dass es chinesisch kochen lernt.

A: Wie kommst du darauf?

B: Ach, das war nur so eine Idee von mir, weil wir gerade von China reden.

A: Wir reden davon, dass die Menschheit mal wieder eine Idee bräuchte.

B: So? Ich hab das nicht gemerkt.

A: Dass die Menschheit eine Idee braucht?

B: Nein, dass wir darüber reden.

A: Aber du hast doch mitgeredet.

B: Das ist so eine Angewohnheit in der Demokratie. Man redet so mit.

1998

■ ■

Mauer

A: Siehst du, hier war früher mal die Mauer.

B: Ich sehe aber nichts.

A: Naja, jetzt ist sie ja auch weg.

B: Und wo war sie früher?

A: Hier, genau vor dir.

B: Vor mir ist aber nichts.

A: Weil die Mauer jetzt weg ist.

B: Und warum ist sie weg?

A: Weil die Menschen den Anblick der Mauer nicht länger ertragen konnten.

B: Schade.

A: Was ist schade?

B: Dass man heute nicht mehr sehen kann, was man früher nicht ertragen konnte.

A: Dass die Mauer weg ist, ist nicht schade.

B: Warum stehen wir dann eigentlich hier?

A: Weil du sehen wolltest, wo die Mauer mal gestanden hat.

B: Das kann man sich aber gar nicht mehr vorstellen, dass hier mal eine Mauer stand.

A: Als die Mauer noch stand, konnte man sich gar nicht vorstellen, dass hier mal keine Mauer stehen würde.

B: Früher dachten ja auch alle, die Mauer würde die Deutschen trennen.

A: Heute weiß man, sie hat uns auch voreinander geschützt.

B: So gesehen hatte die Mauer auch ihr Gutes und man hätte sie stehen lassen können.

A: Hätte man.

B: Das weiß man aber erst, seit sie nicht mehr da ist.

1998

Sie: Komm gucken, Siegfried – drüben im Asylantenheim geht wieder das Licht an.

Er: Dass die sich nicht schämen – tagsüber nehmen sie dem Deutschen die Arbeit weg und abends ziehen sie die Gardinen nicht zu und wir müssen ihren Anblick ertragen.

Sie: Die kennen doch gar keine Gardinen. Wer aus dem Busch kommt, der fühlt sich eben unbeobachtet bei uns in der Zivilisation.

Er: Jawohl, so was wie Scham kennen die gar nicht.

Sie: Weißt du noch, wie wir zuerst protestiert haben gegen das Asylantenpack vorm eigenen Fenster?

Er: Weil wir noch nicht ahnen konnten, dass hier jetzt die Front ist. Und dass unsere Jugend mit dem Pionierhalstuch auch endlich die Feigheit vorm Feind abgelegt hat.

Sie: Mit dem nackten Pflasterstein muss sich unsere Jugend gegen die Überfremdung wehren.

Er: Feuer ist eben nicht alle Tage. Bei den Nazis war ja auch nicht alle Tage Programm.

Sie: Aber so was wie ein Befreiungskrieg ist das schon – ein Befreiungskrieg ganz von unten.

Er: Jawohl, DVU, das ist Demokratie von unten, aus dem Bauch. Oben das sind doch alles bloß Maulhelden, die immer bloß sagen: So geht das nicht weiter mit den Asylanten. Aber wenn's hier knallt, siehst du keinen Herrn Kanther oder Hintze.

Sie: Und wenn die Polizei zufällig mal dazukommt, könnte man manchmal glatt denken, die wären gar nicht auf unserer Seite.

Er: Sind sie aber, die meisten ... innerlich wenigstens.

Sie: Ja, innerlich ist das fast schon eine Volksfront in Deutschland – auch wenn's noch nicht jeder so zeigen darf.

Er: Aber das war früher schlimmer mit der Vorstellung. Da mussten wir uns eine rote Fahne vors eigene Fenster hängen und diese verordnete Völkerfreundschaft üben.

Sie: Aber denken tun wir hinter jeder Fahne, was wir wollen.

Er: Bloß, als dann plötzlich die Wende kam, da wussten wir kurz mal nicht so genau, was wir davon halten sollten.

Sie: Ich schon. Ich hab's dir bloß nicht so sagen wollen, weil ich Angst hatte, du ziehst die Gardine zu früh weg.

Er: Das ist mein Temperament. Als die da unten geplärrt haben, »Wir sind das Volk!«, da hättest du meine geballte Faust in der Tasche sehen sollen.

Sie: Aber mit dreizehn Prozent im Rücken kann man die Faust schon mal zeigen.

Er: Auch wenn wir bloß zugucken, mit uns muss man wieder rechnen.

1998

Im Herzen der Deutsche zur Einigkeit neigt

Dankchoral

*(Melodie: Johann Sebastian Bach »Nun danket alle Gott«,
BWV 192)*

Nun danket alle Kohl,
für D-Mark, Joint und Ventscher.
Für Ferien in Tirol
dankt Waigel, Blühm und Genscher.
Sie haben uns geschenkt
ihr letztes Hab und Gut –
ein ganz klein wenig Geld
und sehr viel neuen Mut.

Großdeutscher Kanzler du,
du frische Tschibo-Bohne,
sei unser Manitu,
trag unsre Kaiserkrone.
Du bist die harte Mark.
Du schlägst den deutschen Quark.
Nimm uns in deine Hand –
wir sind dein Hinterland.

1992

Wächst es zusammen?

Schwangere: Geschafft!

Reporter: Meine Dame, wie wächst es bei Ihnen zusammen?

Schwangere: Bei mir hat's geklappt und es geht auch gleich los. Am Wedding riefen ein paar Skinheads »Ausländer raus« – und da dachte ich, wenn der hier drinne das hört, das ist doch ein halber Türke, dann bezieht er das auf sich – und flupp!

Reporter: Aber meine Dame, warum haben Sie nicht im Wedding die nächste Klinik aufgesucht?

Schwangere: Ich bin doch AOK Ost versichert und zwischen einem AOK-Ostberliner und einem AOK-Westberliner ist so ein großer Unterschied – kann ich ja gleich am Bosporus entbinden. Aber die wollen mir das Fahrgeld nicht erstatten.

Reporter: Warum müssen Sie denn in diesem gesegneten Zustand noch ins Ausland ... äh, nach Westberlin fahren?

Schwangere: Weil die AOK Ost ihren Hauptsitz im Westen hat.

Reporter: Soll ich Ihnen einen Krankenwagen rufen?

Schwangere: Ich weiß doch gar nicht, wo ich hin muss! Wenn ein Berliner Türke aus Kreuzberg mit einer Berliner Vorpommerschen aus Marzahn – als wie icke – in den Müggelbergen ein Kind zeugt, weiß ja nicht mal Norbert Blühm, wer dafür zuständig ist.

Reporter: Hätten Sie sich das Kind von Norbert Blühm machen lassen.

Schwangere:	Der ist doch so schon überfordert. *(geht ab)*
Reporter:	Mein Herr, wie wächst bei Ihnen alles zusammen?
Mann:	Ganz, ganz prima. Ich bin mittelständischer Unternehmer und komme gerade vom Finanzamt. Die haben zu mir gesagt, »Herr Schneider, Sie können sich gratulieren, bei Ihnen ist nischt mehr zu holen!«
Reporter:	Wie haben Sie denn das geschafft?
Mann:	Die Konkurrenz ist ja groß. Und da gibt es zwei Möglichkeiten, um die niederzumachen. Willste was haben, musste überbieten. Willste was loswerden, musste unterbieten. Und ich pfiffiges Kerlchen hab mir gesagt: Du machst das genau umgekehrt. Und damit hab ich es geschafft: Ich produziere wieder.
Reporter:	Was denn?
Mann:	Na, rote Zahlen, lauter rote Zahlen! *(fröhlich ab)*
Reporter:	Meine Dame, wie klappt es bei Ihnen mit dem Zusammenwachsen?
Frau I:	Ich bin Unternehmerin, anfangs gab es Schwierigkeiten. Die Altdeutschen haben das Geld und damit haben sie mich auch aus einer Pleite in die andere gejagt. Aber jetzt habe ich die richtige Marktlücke gefunden und komme prima zurecht.
Reporter:	Was machen Sie denn jetzt?
Frau I:	Ich bin Unternehmensbestatterin.
Reporter:	Sie meinen, Bestattungsunternehmerin.
Frau I:	Nein, Unternehmensbestatter.

Reporter: Was, bestatten Sie denn da?
Frau I: Ich begrabe Hoffnungen. Und das Geschäft
              floriert! *(ab)*

Reporter: Und wie kommen Sie gesamtberlinisch zu-
              recht, meine Dame?
Frau II: Ich habe das ganz große Los! – Arbeits-los!
Reporter: Sind Sie Ostberlinerin oder Westberlinerin?
Frau II: Kommt drauf an. Fürs Arbeitsamt, wo ich
              Stütze hole, bin ich Reinickendorf, aber woh-
              nen tu ich in Kaulsdorf bei Oma, für Nass.
Reporter: Sie haben also drüben gar keine Wohnung?
Frau II: Sozialwohnung. Vom Feinsten. Aber die hab
              ich an sechs Jugoslawen untervermietet.
Reporter: Was machen Sie denn mit dem vielen Geld?
Frau II: Na anlegen! In Shell-Aktien. Und das bisschen,
              was ich zum Leben brauche, hole ich mir vom
              Arbeiter-Samariter-Bund. Prösterchen. *(ab)*

Reporter: Wer kommt denn da? Ist es möglich? Herr
              Krenz! Wie kommen Sie denn im vereinten
              Berlin zurecht?
Krenz: Aus heutiger Sicht muss ich sagen, dass ich
              mir doch sehr dankbar bin, dass ich uns alle
              aus dieser Honecker-Unterdrückung befreit
              habe.
Reporter: Aber Herr Krenz, was hatten Sie sich den aus-
              zustehen?
Krenz: Wissen Sie, ich komme gerade von einem
              Meeting der Widerstandsromanciers des Po-
              litbüros gegen das Politbüro. Wir alle: Mittag,
              Schabowski, Wolf, Przybylski, Tisch – wir
              hätten uns doch damals alle selber verbieten

	müssen, so offen wie wir jetzt sind. Was wir jetzt alles so schreiben können – wir können's selber noch nicht glauben.
Reporter:	Ja, meine Damen und Herren! Wenn es dem größten Verlierer der Vereinigung, Kronprinz Egon, schon wieder so gut geht, wie gut muss es dann erst den Gewinnern gehen, dem Volk! Uns Sie ziehen immer noch 'nen Flunsch. Da kann ich doch nur noch sagen: Hört auf zu jammern und haltet endlich die Schnauze!

1991

Die deutsche Wiederverfeindung

(Ein Volkslied am anderen)

Liebe Brüder und Schwestern von gestern, die deutsche Wiederverfeindung hat eine hysterische Dimension erreicht. Aus der heimlichen Liebe von einst wurde eine unheimliche Feindschaft. Stuttgart, Ulm und Biberach wollen nicht wie Eisenach. Was einst getrennt marschierte, schlägt jetzt vereint aufeinander ein. Es braust ein Ruf wie Donnerhall – das Feindbild lauert überall.

Wessi:	Das Gammeln ist des Ossis Lust. Er hat ja nie was tun gemusst als Gammeln. Das müssen alles Hammel sein. Die falln auf jeden Schwindel rein. Und selbst fällt ihnen gar nichts ein, den Hammeln.

Ossi:	Das Raffen ist des Wessis Lust,
	geht über Leichen zielbewusst
	beim Raffen.
	Das müssen alles Wölfe sein.
	Sie legen jedes Ostschaf rein
	und auch Verwandte kenn Se kein,
	die Laffen.
Wessi:	Wenn ich ein Ossi wär –
Ossi:	Wenn ich ein Wessi wär –
Wessi:	und hätt ein Westgrundstück ...
Ossi:	und hätt ein Ostgrundstück –
	ich gäb's zurück.
Wessi:	Doch so ein Ossischwein –
Ossi:	Doch so ein Wessischwein
	sieht nicht sein Unrecht ein,
	dieses Miststück.
Wessi:	Alle Ossis sind so doof,
	alle Ossimeisen.
	Könnte man sie dezimieren,
	wär hier noch was zu sanieren.
	Müssen endlich mal kapieren:
	wir wolln hier doch nicht diskutieren.
	Wir sind nur die Weisen.
Ossi:	Alle Wessis sind nur da,
	um uns zu beklauen.
	Schleppen das Verbrechen ein,
	legen unsre Omas rein,
	schänden unsre Töchterlein.
	Wärn wir nicht so schwach und klein,
	würden wir sie hauen.
Beide:	Du, du liegst mir im Magen,
	du, du bist jetzt mein Feind.
	Wir gehen uns an den Kragen,

seit man uns wiedervereint.
Ja, ja, ja ja –
drüben steht wieder der Feind.

Der gemeine Deutsche hat viele Feinde in der Welt. Aber die
besten waren noch immer bleed in Germany. Wir müssen nur
noch den inneren Schweinehund überwinden. Also – schlagt
euch, wo ihr euch trefft!

1991

Wettlauf zwischen Hasen und Igeln

A: Es waren einmal sechzehn Millionen Hasen, die von
      nichts etwas wussten, aber so eingebildet waren,
      dass sie glaubten, mit sechzig Millionen Igeln um die
      Wette laufen zu können. Damit es ein Heimspiel für
      sie würde, wollten die dummen Hasen all die klugen
      Igel zu sich ins Land bitten.

B: Doch noch ehe die Hasen die Bitte ausgesprochen
      hatten, riefen die Igel bereits munter: »Sind schon all
      hier!« Auf dass es ein fairer Wettkampf würde, gaben
      die Igel den Hasen ihre Treuhand. Sie setzten neben
      all ihrem Knowhow auch ein kleines Startkapital aufs
      Spiel.

A: Die Hasen dagegen hatten nichts zu setzen außer Haus
      und Hof, Stahlwerk und Blumenladen, Intendanten-
      und Ministerpräsidenten-Posten. Kaum war der Start-
      schuss gefallen, da sah man die Hasen auch schon lau-
      fen wie die Hasen. Denn sie meinten, die Igel wären
      hinter ihnen.

B: Beim Lauf selbst aber fehlte von den Igeln jede Spur.
        Aber wo immer ein Hase auch ins Ziel lief, stand be-
        reits ein Igel und rief: »Bin schon all hier!«
A: Die dummen Hasen, denen man vierzig Jahre lang
        eingeredet hatte, sie wären auf jeden Fall Sieger der
        Geschichte, wollten nicht glauben, dass sie fortan nur
        noch zweiter Sieger sein würden, bloß weil ihnen die
        Rennbahn einmal gehört hatte. Sie hörten nicht auf zu
        laufen und zu laufen. Und wenn sie nicht gestorben
        sind, dann laufen sie noch heute ...
B: ... obwohl das Rennen für die Igel längst gelaufen ist.

                                                        1992

Schwarz auf weiß

Seit die Zeitungen hier nicht mehr lügen
ist das Leben für uns ein Vergnügen.
Denn die Presse ist frei
vom Diktat der Partei.
Man erfährt, was passiert,
wird nicht manipuliert –
endlich weiß man, was wirklich gewesen,
denn man kann es ja schwarz auf weiß lesen.

Ach, wie freut's einen, wenn endlich rauskommt,
dass der Papst mit der Päpstin nicht auskommt.
Man wird gut informiert,
wer mit wem onaniert,
wie der Rühe gerührt,
die Frau Süßmuth verführt –

gar kein Zweifel – er ist es gewesen.
Denn man kann es ja schwarz auf weiß lesen.

Ach, wie froh bin ich, dass jetzt bekannt ist,
dass der Stolpe mit Mielke verwandt ist,
denn sie schlossen mit Saft
heimlich Blutsbrüderschaft.
Und dann schwor er dabei
auf das Schwert der Partei.
Stolpes Gott ist der Teufel gewesen!
Ja, das hab ich doch selber gelesen.

Wo Gerichte im Rechtsstaat versagen,
kommt die Presse als Richter zum Tragen.
Journalistischer Fleiß
macht Verdacht zum Beweis.
Und wer spricht schon von Mord
bei der Tatwaffe Wort?
Ist der Totschlag ein Irrtum gewesen,
kann man das im Dementi ja lesen.

Auch wir höher gebildeten Wesen
können die Wahrheit im Spiegel-Bild lesen.
Wer den Spiegel versteht,
ist kein Analphabet.
Also stimmt, was da steht.
Und so kriegt der Ästhet
hier stilistisch gereinigt zu lesen –
was bei Bild so vereinfacht gewesen.

1992

Guten Abend, meine Damen und Herren, hier ist der Bundes-
nachrichtendienst mit seinen ersten Meldungen aus Pullach.

Mainz/Hamburg. Die Nachrichtenstudios von ARD und
ZDF wurden abgewickelt, da sie nur schlechte Stimmung in der
Bevölkerung verbreiteten. Künftig wird also der BND in freier
und geheimer Abstimmung mit dem Bundeskanzleramt entscheiden, was Sie unbedingt wissen müssen. Hören Sie heute
also vom BND das Gute in spe.

Oggersheim. Aufschwung Ost in Sicht. Auf dem Markt-
platz von Oggersheim wurde ein Reck aufgestellt, an dem der
Kanzler persönlich jeden Morgen mit dem Gesicht nach Osten
den Aufschwung übt. So hängt der Kanzler mit dem ganzen
Gewicht seiner Persönlichkeit am Osten.

Und nun eine Nachricht aus ferner Zukunft – 1994, Bonn.
Die Bundesregierung ist geschlossen zurückgetreten, nachdem
der Kanzler die Kosten der deutschen Einheit aus eigener Tasche beglichen hat.

Grüne und Bündnis 90 haben beschlossen, eine große Koalition zu bilden. Die CDU kämpft um den Gruppenstatus im
Bundestag, während die SPD, die nur knapp an der Fünf-Pro-
zent-Hürde scheiterte, auf ihrer Anerkennung als eingetragener
Verein besteht. Die Republikaner boten indessen der CDU Asyl
in ihren Sammellagern an.

Helmstedt/Magdeburg. UNO-Friedenstruppen im Kampf-
gebiet eingetroffen. Nachdem der dreiundvierzigste Waffenstillstand zwischen Niedersachsen und Sachsen/Anhalt letzte
Nacht in Kraft getreten ist, hat sich die Lage auf dem ehemaligen
Todesstreifen beruhigt. Nahrungsmittelhilfe aus Somalia soll
die größte Not der Niedersachsen und der Anhaltiner lindern.

Bonn. Die Gesundheitsreform beginnt zu greifen. Immer
mehr Patienten finden sich in privaten Selbstheilungsgrup-

pen zusammen, um dort ihre Krankheiten kostengünstig zu besprechen. Inzwischen haben mobile Eingreiftruppen des Verbandes berittener Zahnärzte Deutschlands das Bundesgesundheitsministerium besetzt und drohen, allen Reformern die letzten Zähne zu ziehen. Seehofers Prothese soll sich bereits in der Hand der Besetzer befinden.

Berlin/Leipzig/Dresden. In den genannten wilden Siedlungen haben als einziges bisher die Ateliermieten westlichen Standard erreicht. Dort hantierende bildende Künstler besannen sich endlich auf alte Traditionen. Die Höhlenmalerei erlebt eine unterirdische Blüte.

Tegernsee. Bundesfinanzminister Schalck-Golodkowski hat sich angeboten, die Berliner Treuhand zu sanieren. Er widersprach Gerüchten, dass es sich bei der deutschen Wiedervereinigung um eine kriminelle Vereinigung handele.

Saarbrücken. Frührentner Lafontaine zum Alterspräsidenten der verstrittenen Linken gewählt. In seiner Antrittsrede schlug er vor, für Politiker eine Wahrhaftigkeitssteuer einzuführen. Jedes wahre Wort aus Bonn müsste dann dem Finanzamt gemeldet werden. Die Regierung schloss aus, dass damit auch nur ein Pfennig in die Staatskasse käme.

Bonn. Altoptimist Norbert Blühm betonte, die steigenden Arbeitslosenzahlen im Bundesgebiet seien kein Grund für die Betroffenen, die Hände in den Schoß zu legen. Jetzt gelte es, das Tal der Tränen auf allen Vieren zu durchqueren.

Frankfurt/Oder. Im fernen Osten der Bundesrepublik, der seit Jahren als unbewohnbar galt, wurde eine Gruppe lebender Ureinwohner entdeckt. Damit bestätigt sich – entgegen allen Unkenrufen – die optimistische Prognose der alten Bundesregierung, dass es im Osten ein Leben nach der Wiedervereinigung geben würde.

Und hier noch eine Nachricht aus allernächster Zukunft. Nach Erhebungen des statistischen Bundesamtes macht die

Angleichung der Lebensverhältnisse in Ost und West rasante Fortschritte. München wird in Kürze den Lebensstandard von Bitterfeld erreicht haben.

1992

■ ■

Unsere Fremden

Kennen Sie einen Deutschen, der ein Vorurteil gegen einen Ausländer hat? Na, sehen Sie. Gegen e i n e n Ausländer hat keiner was. Viele haben nicht einmal was gegen viele Ausländer. Ja, man kann sogar sagen, die meisten haben nichts gegen die meisten Ausländer. (Eigentlich haben nur ganz wenige etwas gegen ganz wenige Ausländer.) Und die wenigsten von uns kennen überhaupt einen Ausländer. Und deshalb denken so viele, Ausländer wären Menschen, wie du und ich. Aber genau das sind die eben nicht, auch wenn sie noch so menschenförmig daherkommen. Sie sind anders als wir. Die Ehrlichen unter ihnen geben das auch zu, indem sie eine andere Hautfarbe tragen – eine ehrliche Haut sozusagen. Struwwelpeter: Was kann der arme Mohr dafür, dass er so weiß nicht ist, wie wir.

Auch Zigeuner sind relativ leicht von Menschen zu unterscheiden, schwer hingegen von anderen Rumänen und Bulgaren. Juden hingegen sind wie Schwule und andere Abartige oft nicht oder nur schwer auszumachen. Deshalb rate ich Ihnen allen: Verlassen Sie sich nicht auf die weiße Hautfarbe und deutsche Sprachkenntnisse. Nicht der Ausländer bedroht uns, sondern der Fremde an sich. Fremd kann heute jeder sein. Fremdenhass kennt keine Vorurteile, Fremdenhass kennt nur Menschen.

1993

Souveränität

Du bist souverän. Man sieht es dir an,
dass dich so leicht nichts aus der Bahn werfen kann.
Du kennst das Parkett. Du rutschst nicht mehr aus.
Du lächelst beim Buh-Ruf, als wär es Applaus.
Dir macht man nichts vor, du kennst die Ranküne,
die hinter dem Lächeln des Anstandes grinst.
Wo immer du stehst, du siehst auf die Bühne
und spielst fremde Spiele, auch wenn du gewinnst.

Du weißt, wie man lächelt: herzlich-eiskalt.
Du hast deine Partner und dich in Gewalt.
Du kennst deinen Text, die Stichworte auch –
nichts sein, alles spielen. Das ist eben Brauch.
Du kennst deine Macht, denn du kennst deine Grenzen –
du weißt, wann der Klügere nachgibt und schweigt.
Du kennst all den Talmi, in dem sie da glänzen
und weißt: stark ist nur, wer die Schwäche nicht zeigt.
Und doch nützt dein Wissen am Ende nicht viel,
denn auch wer's durchschaut, muss es mitspielen, das Spiel.
Noch sitzt deine Stimme, noch sitzt der Text,
doch die Angst zu versagen, der Alptraum, er wächst.
Die Sicherheit, um die dich alle beneiden,
grad die ist nicht echt, grade sie ist gespielt.
Der klügere hat schon im Voraus zu leiden,
weil er, was geschehn kann, bevor's geschieht, fühlt ...

Frei zu sein ist eine Last,
die du selbst zu tragen hast.
Für den Heimweg: Glaubt mir kein Wort,
sondern irrt euch doch selber.
Den Leithammel fressen am Ende die Kälber.

Der Herr ist mein Hirte –
aber wehe, er irrte!
Dann werden Herden
zu Raubtiern auf Erden
und waschen sich rein
in des Leithammels Blut.
Denn die Herde ist gut.

1993

■ ■

Im Herzen der Deutsche

(Melodie: Volkslied »Im Märzen der Bauer . . .«)

Im Herzen die Mauer uns Deutsche vereint.
Der Schwabe schreit auf, wenn ein Sachse erscheint.
Wir streiten um Boden, um Hab und um Gut –
den Polen hingegen liegt's Feilschen im Blut.

Wir pflegen die Einheit im Ausland und hier,
im Kampf gegen alle, die anders als wir
nicht deutsch sind und deshalb auch niemals verstehen,
wie Bayern mit Preußen zu Hause umgehen.

Im Herzen schon sauer, wenn sächsisch erklingt,
der friesische Bauer die Mistgabel schwingt.
Der Ossi, der Wessi sind jetzt spinnefeind –
die Feindschaft ist das, was uns Deutsche vereint.

Im Herzen der Deutsche zur Einigkeit neigt,
sobald sich ein Fremder am Tellerrand zeigt.

Wie einig wir hinter dem Vaterland stehn,
das sieht man, sobald man uns sagt – gegen wen!

1994

■ ■

Die Tomate als literarischer Anlass

Meine lieben Literaturfreunde, seit die vereinigte europäische
Tomate schmeckt wie sie schmeckt, ist aus dem kulinarischen
Genuss ein literarischer geworden. Lassen Sie mich also referie-
ren über das »Gewordensein des Genres Tomate« ...

Wer von uns erinnert sich nicht noch an die leicht ver-
derblichen Tomatenfrüchte unserer Großmütter? Sie wuchsen
auf dem unsortierten Mist unserer ahnungslosen Vorfahren
und neigten dazu, rasch matschig zu werden. Dieses unbarm-
herzige Schicksal kennt die moderne Tomate von heute zum
Glück nicht mehr. Denn die moderne Tomate der Europäischen
Union wächst nicht mehr auf Omas Mist. Sie kommt direkt von
Hollands schönen Autostraßen frisch auf den vereinigten europäischen Tisch. Als zutiefst niederländische Designer-Frucht
hat sie das ewige Leben, ist also keine vergängliche Naturfrucht
mehr. Ihr Anblick ist ein einziger Genuss, wie ja auch ihr Genuss
einzig in ihrem Anblick besteht. Die holländische Tomate sieht
einfach zum Fressen aus, ohne es zu sein. Sie ist nicht nur ma-
kellos und rund, sondern auch robust. Ja, sie verliert Form und
Farbe auch nicht unter härtester Belastung und ist unbegrenzt
transportfähig. Ihr Saft macht keine Flecken, denn anders als
Omas Matschprodukt hat sie gar keinen Saft. Von daher eignet
sie sich hervorragend dazu, auf Politiker geworfen zu werden.
Denn ihr Rot ist zwar echt, färbt aber nicht ab. Als fleckenloser
Demokrat kann ich allen linken und autonomen Randgruppen

nur zurufen: Kauft holländische Tomaten! Die holländische Tomate hinterlässt keine Spuren an der Politikerbirne.

Aber ich rufe allen literarischen Tomatenfreunden auch zu: Augen auf beim Tomatenverzehr! Mit geschlossenen Augen sind holländische Tomaten auch vom Feinschmecker nicht zu unterscheiden von Gurken, Äpfeln oder Birnen gleicher Nationalität. Holländisches Obst und Gemüse entspricht also voll und ganz dem Einheitsgebot der europäischen Vegetarier aller Länder. Es leben die niederländischen Euromaten!

1994

Wir sind verbittert

Frau:	Wir sind verbittert, mein Mann und ich.
Mann:	Wir sind verbittert, ich und meine Frau.
Frau:	Wir haben neue Nachbarn im Haus.
Mann:	Wir haben ja nichts gegen neue Nachbarn.
Frau:	Nicht mal, als statt des netten Herrn neben uns eine alleinstehende Dame einzog.
Mann:	Na ja, Dame …
Frau:	Ich sagte doch, alleinstehend.
Mann:	Jedenfalls haben wir keine Mietminderung verlangt.
Frau:	Obwohl es sich doch um eine Minderung der Wohnqualität handelte.
Mann:	Aber jetzt geht es an unsere Lebensqualität.
Frau:	Über uns wohnt seit kurzem ein Ehepaar mit Kindern.
Mann:	Ja, Sie haben richtig gehört – mit Kindern.

Frau:	Nicht, dass wir was gegen Kinder hätten. Wir waren auch mal Kinder, mein Mann und ich.
Mann:	Aber doch nicht in so schweren Zeiten.
Frau:	Und nicht in so einer guten Wohnlage.
Mann:	Es gibt so lebendige Asylbewerberheime. Da sind Kinder genauso was Normales wie Zigeuner, Neger und PDS-Wähler.
Frau:	Wir leben in einer zivilisierten Gesellschaft – da muss man wissen, wohin man gehört.
Mann:	Ich meine, die Mutter soll ja Kinderärztin sein. Da weiß man doch, was Kinder so für Krankheiten einschleppen.
Frau:	Neulich haben sie mich einfach gegrüßt, fröhlich gegrüßt, als wären sie unseresgleichen.
Mann:	Und gelacht haben sie, als wäre ein deutsches Wohnhaus ein Freudenhaus.
Frau:	Als Kinder ahnen sie ja noch nicht, was für eine Belastung sie in unserer Gesellschaft sind. Aber die Eltern ...
Mann:	Tja, solange es Eltern gibt, muss man sich über Kinder nicht wundern.
Frau:	Die Kirche kümmert sich ja um den Schutz des ungeborenen Lebens.
Mann:	Aber wer schützt uns vor dem geborenen?

1995

Oma bleib draußen. Ich sehe jetzt fern.
Da hat man so alte Menschen nicht gern.
Gerlinde, deine Mutter fühlt sich allein.
Nun kümmre dich mal. Das muss doch nicht sein.
Nein, Oma, du störst hier im Haus keinesfalls.
Schließlich hat man so auch die Frau gleich am Hals.
Die würde sie ja am liebsten ins Altersheim stecken.
Aber nicht mit mir, nicht ums Verrecken.
Da müsst ich ja zuzahlen. Bin ich ein Krösus?
Omas Rente kommt von Blühm, nicht von Jesus.
Na los, Wickert – nun komm schon zum Wetter.
Nu gucke, der Kohl. Wird nicht schön, aber fetter.
Könnt ihr Weiber den Mund nicht mal halten!
Am schlimmsten von allen Frauen sind die alten.
Ich hoffe ja nur, dass meine nicht alt wird.
Na los, Wickert, sag schon, ob's wieder kalt wird.
Mein Gott, jetzt wieder so'n Elendsbericht!
Das interessiert einen doch nach dem Abendbrot nicht.
Obwohl – hungernde Kinder können erschüttern.
Wenn ich dran denke, dass wir hier die Alten noch füttern!
Wo ist denn bei denen noch Menschenwürde?
Die sind für uns Junge nur eine Bürde.
Der Mensch hat kein Recht, die Natur zu betrügen.
Fünfzig Jahre für Frauen und siebzig für Männer genügen.
Ich glaube, der Wickert, der überzieht.
Als ob heute noch irgendwo was Neues geschieht!
Bosnische Frauen, vergewaltigt von Serben –
mein Gott, die werden daran doch nicht sterben.
Wir sehen alles bloß mit unseren Augen.
Wissen wir denn, ob moslemische Frauen was taugen?
Menschenrechte für Kurden – von mir aus!

Hauptsache ist doch, wir kriegen sie hier raus.
Die treiben's noch schlimmer als unsere Alten.
Die lassen sich nicht mal in Heimen halten.
Mensch, Wickert, denk an die Einschaltquoten!
Jetzt zeigt der nach all der Gewalt und den Toten
auch noch eine deutsche Behindertenschule.
Fehlt nur noch ein Sammellager für Schwule.
Oma, jetzt halt aber endlich den Mund.
Mein Gott, schon achtzig und noch immer gesund.
Bloß wegen der teuren Operation –
na gut, ich hab nicht bezahlt, aber leid tut's mir schon
um das viele Geld.
Was könnte man damit Gutes tun auf der Welt,
statt die vielen Alten
künstlich am Leben zu halten.
Was ist, Gerlinde? Oma geht's schlecht?
Na gönn ihr das doch, das ist doch ihr Recht.
Wenn sie krank wird, dann pflegst du sie eben.
Sie wird ja schließlich nicht ewig leben.
Manchmal denk ich, die eigene Frau
nimmt's mit der Menschlichkeit nicht so genau.
Ob Fraun überhaupt an Menschlichkeit denken?
Der Mensch ist männlich, seit Menschengedenken.

1995

Späte Reue

Sie: Wir haben so viel falsch gemacht, damals in der Diktatur.

Er: Manches kann man nie wieder gut machen.

Sie: Aber bereuen kann man alles, auch wenn es jetzt zu
spät ist, noch etwas zu ändern.

Er: Hättst du nein gesagt,
als ich dich um die Hand gefragt
in der DDR –
ich wäre jetzt mein eigner Herr.

Sie: Da war doch die Diktatur
und so'ne Heirat nur
ein Text mit Recht auf Korrektur.
Was sich nicht leiden kunnt,
das ließ sich scheiden und
war wieder frei trotz Diktatur.

Er: Und die Ostberlinerin
war auch als Ehefrau
natürlich Mitverdienerin.

Sie: Heut werd ich von ihm ernährt.
Das macht mich frei und schön
und nochmal so begehrt.

Er: Auch wenn du nicht neurer wirst,
kannst du doch sicher sein,
dass du mir immer teurer wirst.

Beide: Gottseidank ist jetzt vorbei
die Tyrani, die Tyrana, die Tyrannei.

Sie: Damals hat man sich immer gefragt: Und was wird,
wenn es mal wieder anders kommt?

Er: Das fragt man sich heute nicht mehr.

Sie: Heute weiß man, es kommt nicht mehr anders.

Er: Hättest du tugendsam,

als ich zu dir ins Bette kam,
mich davongejagt,
wir wärn heut nicht vom Kind geplagt.

Sie: Da war doch die Diktatur,
und so ein Kind war nur
ein Kind, kein Armutszeugnis gleich
wie heute kinderreich.
Wer richtig rechnen kann,
der schafft sich keine Kinder an.

Er: Denn grad wer gebären kann –
die Frau ist's doch, die sich dann
nicht mal selbst ernähren kann.

Sie: Darum zieht kein Mädchen groß –
das wird ja später doch bloß
kinder- oder arbeitslos.

Er: Vater überm Himmelszelt –
braucht unsereins 'ne Frau, dann
fährt er in die Dritte Welt.

Beide: Da sind alle Freier frei
von den Frauen, von den Kindern,
von der ganzen Tyrannei.

1996

Eigentum verpflichtet

Grundgesetz der Bundesrepublik Deutschland, Artikel 14, Absatz 2:

Eigentum verpflichtet. Wozu?
Es zu schützen und zu mehren
und als höchstes Gut zu ehren.
Armut ist die reine Tyrannei.
Nur das Eigentum macht frei.

Wer das heilge Eigentum nicht ehrt,
der ist den Rechtsstaat und
das Grundgesetz nicht wert.
Lasset uns beten
zu den Moneten –
sie sind das Licht.
Eigentum ist erste Christenpflicht.
Darum verlier es nicht,
hüt es wie's Augenlicht.
Sorge für Mehrung
jeglicher Währung –
vergiss-sein-nicht.

Auf in den Kampf ums Eigentum.
Nur, wer was hat
kriegt auch Rabatt.
Was sagt man zu seinem Gelde, sprich!
Gehe hin und mehre dich.

Die Frage, Geld oder Leben, ist längst entschieden,
denn nur für Geld kriegt man alles hienieden.
Es bestimmen schon die Paragraphen

für Diebstahl wesentlich höhere Strafen
als für Körperverletzung
oder Völkerverhetzung –
darin erblickt
der Staat ein Kavaliersdelikt.
Ein Reicher lässt sich lieber zehnmal hauen
als einmal beklauen.
Was sind Schädel-, Hals- und Beinbruch
gegen Einbruch?
Ach, es gibt dem Leben Sinn
nur was ich hab, nicht was ich bin.
Wer fragt denn beim Einkommen noch, wo es herkommt?
Wenn man was fragt, dann: wann endlich mehr kommt.
Das größte Verbrechen,
das lässt sich ja denken,
ist: es zu verschenken.
Was haben wir Deutschen der Welt noch zu sagen?
Bürger, schützt eure Geldanlagen!

1996

Das neue Solidaritätslied

Was die Proletarier aller Länder nie geschafft haben, das haben
jetzt die Geldinstitute aller Länder endlich zustande gebracht.
Es lebe die internationale Solidarität der Geldinstitute aller
Länder! Aus dem aggressiven Ho-Ho-Ho-Tschi-Minh wurde
ein weltumspannendes Co-Co-Commerzbank! Globalisierung bedeutet die weltweite Heiligsprechung des Eigentums
und die ebenso weltweite Austauschbarkeit des Menschen. Ob
Bangladesch, ob Wuppertal, wo du arm bist, ist egal!

So haben wir nun endlich überall einen Kapitalismus, den wir dummen Ossis immer für eine böswillige Erfindung des Parteilehrjahres gehalten haben.

Auf, ihr Banken dieser Erde
einigt euch in diesem Sinn.
Dass sie ganz die eure werde,
macht ihr jetzt vereint Gewinn.

Vorwärts, es sind die Zinsen,
worin eure Stärke besteht.
Geht alles in die Binsen,
aufwärts gehen die Zinsen.
Das Geld ist Majestät.

Alle Versuche, die Geldwechsler noch mal aus dem Tempel zu jagen, scheitern an den Besitzverhältnissen. Die Tempel gehören ihnen.

Deutsche, Dresdner, Hypo-, Weltbank,
Bank von England, Schwäbisch Hall –
Weltgeschichte geht am Geld lang.
Kapital kommt nie zu Fall.

Vorwärts, die Dividende
ist unser Heiligtum.
Drum schone Kopf und Hände.
Die bringen keine Dividende.
Fleiß bringt kein Eigentum.

Aber eines haben all die kleinen Arbeitslosen gemein mit dem großen Kapital: Irgendwann landen sie alle auf der Bank. Die Arbeitslosen ungewaschen – das Kapital gewaschen!   1997

Wenn die goldne Abendsonne
über Deutschlands Dächern steht,
und von München bis nach Conne-
witz das Land zur Ruhe geht,
dann hört man Mutti und Vati beim Kuscheln
leise, ganz leise ins Kopfkissen tuscheln:
Schweig stille, nicht plaudern,
mein Schätzchen –
unser Bett ist ein lauschiges Plätzchen.

Guten Abend, gute Nacht,
vom Staatsschutz bewacht,
vom Rotwein berauscht –
jetzt nicht mehr geplauscht!
Morgen früh, wenn Gott will,
wirst du wieder belauscht.

Es geht ein Raunen
durch Deutschlands Norden –
das Land ist wieder wohnlich geworden.
Und auch der Deutsche westlich und südlich:
Jetzt wird es hier so recht gemütlich.
Im Osten singt alles: Juhu,
endlich hört man uns auch wieder zu!
Und alle sagen: Na bitte,
das ist die Politik der kleinen Schritte,
immer weiter rechts, weiter rechts,
weiter rechts von der Mitte
Und das alles – olé –
mit Zustimmung der SPD!

Das Tor ist zu, der Grenzer steht
an Oder und Neiße mit Nachtsichtgerät.
Lasset die Kindlein sich drängen
an der Außengrenze von Schengen.
Doch haben sie diese Grenze genommen,
dann lasset die Kindlein nur kommen.
Hier wartet auf sie ihr Asylkompromiss
und der sagt: die Abschiebung ist euch gewiss.
Und das alles – olé –
mit Zustimmung der SPD.

Schauet die niedlichen Skins an der Ecke –
sie spielen im Internet nur Verstecke.
Und schlägt mal einer einen Punk oder Neger –
keine Sorge, das sind alles nur Einzelfall-Schläger.
Ursachen hat das jedenfalls keine.
Heute schlägt jeder für sich alleine.
Arbeitslos sein ist so gewöhnlich –
kein Arbeitsloser nimmt das persönlich.
Sozialabbau ist schließlich Norm
und Gesundbeten ist Gesundheitsreform.

Wer spricht heut noch von rechts und von links?
Heute gibt's nur noch die Dings – die Mitte.
Und mit der Politik der kleinen Schritte
ist eines Tages Rechtsaußen Mitte.
Und das alles – olé –
mit Zustimmung der SPD.

1998

A: Wir könnten uns ruhig wieder mal bedanken.

B: Zeit wär's. Aber bei wem und wofür?

A: Egal. Dankbarkeit muss man nicht begründen. Sieben Jahre Einheit sind Grund genug.

B: Jawohl, sieben Jahre sind genug.

A: Dank, euch, ihr … ihr … Danke für Müller-Milch, danke für Trill, danke für Tesafilm, danke für Schappi, danke für Hakle feucht.

B: Es reicht – werde nicht persönlich. Mit Ost und West ist es wie mit dir und mir – wir müssen uns nun endlich mal abfinden, dass wir geheiratet haben, bevor wir uns erkannt hatten.

A: Es war eben eine Liebe v o r dem ersten Blick.

B: Und jetzt heißt es, wie in jeder normalen Ehe – Augen zu und durch!

A: Das siebte Jahr haben wir hinter uns, und es war nicht viel schlimmer als das sechste.

B: Aber viel besser als alles, was noch kommt.

A: Jawohl, es kommt nochmal die Zeit, da sehnen wir uns zurück nach der alten Regierung.

B: Manche sehnen sich heute schon zurück.

A: Das ist zu früh. Erst mal abwarten, was noch kommt.

B: Das kann man nie wissen.

A: Schon deshalb sollten wir denen dankbar sein, die uns heute führen.

B: Die führen uns, ohne zu wissen, wohin. Das traut sich nicht jeder.

A: Immerhin haben sie es geschafft, dass die Jugend, die früher auf die Barrikade gegangen ist, heute geschlossen auf Ausbildungsplatzsuche ist.

B: So hat sie ein Ziel vor den Augen.

A: Jawohl. Ecstasy ist besser als Rudi Dutschke.

B: Schluckt sich viel leichter.

A: Wer sich früher von Che Guevara angezogen gefühlt hat, der überlässt das heute Karl Lagerfeld.

B: Die heutige Jugend macht endlich wieder gut, was die Achtundsechziger damals versäumt haben.

A: Zwanzig Jahre nach dem Fall von Saigon wird endlich auch auf deutschen Straßen Jagd auf Vietnamesen gemacht.

B: Viele hat der Kanther ja nicht übrig gelassen.

A: Manche Innenminister trauen der eigenen Jugend gar nichts mehr zu.

B: Wo es keine Fidschis gibt, muss man sich was anderes einfallen lassen.

A: Deshalb gab's in Mainz auf der Volkshochschule die »Verfolgung und Vernichtung der Mainzer Juden« angekündigt als Freizeitangebot.

B: Und in Mannheim stand in der Zeitung, wer als was 1997 Bambi-Preisträger geworden ist – Alfred Biolek als Moderator, Herbert Feuerstein als Kabarettist und Ignaz Bubis als Jude.

A: Verstehst du, was sie da gegen den Berliner Musikmenschen haben, der in Tel Aviv seine Bierrechnung mit Adolf Hitler unterschrieben hat?

B: Überhaupt nicht. Hitler geht wieder. Honecker ist jetzt schlimmer.

A: Das deutsche Volk hat sich besonnen.

B: Die deutsche Jugend weiß wieder, was wir am zwanzigsten April zu feiern haben.

A: Ja, wir haben keinen Grund mehr, die deutsche Geschichte zu verdrängen.

B: Eine Schande, dass die Bundeswehr immer noch so tun muss, als hätte sie aus der Geschichte nichts gelernt.

A: Wenn man sich überlegt, wer die Bundeswehr mal aufgebaut hat, kann man sich nur wundern, wie ruhig die in den Kasernen bleibt, wenn draußen die Sozis demonstrieren.

B: Wie viele von unseren tapferen Soldaten hatten überhaupt noch keine Gelegenheit, auf einen Ausländer zu schießen.

A: Wie stehn die denn da, wenn sie plötzlich nach Bosnien oder Afrika kommen?

B: Und dann diese blöde Frage, ob deutsche Soldaten Mörder sind!

A: Darauf gibt's nur eine Antwort. Jawohl, aber immer nur auf Befehl.

B: Das haben wir nämlich aus unserer Geschichte gelernt – in Deutschland gab's am Ende nie Befehlsgeber.

A: Immer nur Befehlsempfänger.

B: Und deutscher Befehlsnotstand ist, überhaupt keine Befehle mehr zu kriegen.

A: Auch in der DDR hat es schließlich natürlich nie einen Schießbefehl gegeben.

B: Befehle gehen in Deutschland immer verloren. Übrig bleiben bloß die Befehlsempfänger.

A: Das ist die unbefleckte Empfängnis, Befehle zu empfangen, die nie einer gegeben hat.

B: Auf die Art und Weise sind wir zu unserer Geschichte gekommen, wie die Jungfrau zum Kind.

A: Deshalb entscheiden bei uns auch nach wie vor nicht die Geschichts-, sondern die Biologielehrer, wer ein Deutscher ist.

B: Deutsches Blut auf deutschem Boden.

A: Und dass es bei uns noch keinen Le Pen gibt und keinen Haider, das ist kein Grund, am deutschen Volk zu verzweifeln.

B: Ihre Wähler hätten wir allemal.

1998

A: Wir müssen alle Opfer bringen.

B: Jeder opfert, was er am wenigsten braucht.

A: Die Politiker opfern ihr Gewissen.

B: Die Wirtschaft opfert ihre Arbeitskräfte.

A: Und der Wähler opfert seinen Verstand.

B: Na, da hast du ja nicht viel zu opfern. Aber die Minenproduzenten haben sich jetzt sogar zusammengeschlossen zu einer Stiftung für die Minenopfer.

A: Das ist die Personenmine mit dem menschlichen Antlitz – so 'ne Art Tamagotchi mit Rums.

B: Die Opfer werden am Gewinn beteiligt. Da wird die Mine als solche für manchen zum reinen Glücksfall.

A: Er muss nicht länger verhungern.

B: Und seine Hinterbliebenen kriegen auch noch Entschädigung.

A: So macht man die böse Mine zum guten Spiel.

B: Aber eine Mine macht noch keinen Krieg.

A: Richtige Kriege werden immer teurer.

B: Wenn das so weitergeht, wird der nächste Krieg nur noch vom Pay-TV übertragen.

A: ... als Krieg für Besserverdienende.

B: Und wir gucken dann in die Röhre.

A: Anders finanziert sich Krieg nicht mehr. Die öffentlichen Kassen sind leer.

B: Da ist privates Engagement gefragt. Sponsoren müssen ran.

A: Auch wenn einen die Werbeeinspielungen immer wieder rausreißen aus der Spannung – wir müssen alle Opfer bringen.

B: Die UNO kann ja bei den Kriegsparteien Feuerpausen für die Werbeeinspielungen durchsetzen.

A: Ja, nach einem Volltreffer im Kindergarten dreißig Sekunden Alete-Werbung, bei einem Altersheim dasselbe für Klosterfrau-Melissengeist.

B: So steht die Werbung nicht mehr so beziehungslos zum Kriegsgeschehen.

A: Pro forma soll ja der amerikanische Präsident noch entscheiden, an welche Region der nächste Krieg vergeben wird.

B: Aber wenn Coca Cola dagegen ist, kann er auch nichts machen.

A: Was ist ein Kriegsschauplatz ohne Bandenwerbung.

B: Zivilisation heißt: Werbeflächen schaffen mit immer moderneren Waffen.

A: Wo keine Zivilisation herrscht, herrscht Barbarei.

B: Wenn irgendwelche Albaner oder Somalis ganz unzivilisiert aufeinander einschlagen, da muss die zivilisierte Welt zusehen, wie ihre modernen Waffen verrotten.

A: Das sind schmutzige Kriege, wo man noch das Blut fließen sieht.

B: Dabei könnte sich auch der wildeste Afghane in kürzester Zeit mit der modernen Raketentechnik vertraut machen.

A: Der Afghane muss nur wollen und können.

B: Jawohl, schießen muss er wollen und bezahlen muss er können.

A: Aber diese Wilden haben ja keine Zahlungsmoral.

B: Die haben heute noch Vorstellungen von der Welt wie früher die Ossis vom Westen.

A: Die denken immer noch, sie kriegen was geschenkt.

B: Aber der Westen sagt sich jetzt, nachdem er den Fehler gemacht hat, die Ossis bei sich aufzunehmen: Schluss mit Genuss – der wilde Rest bleibt draußen.

A: Denn wen sie erst mal da sind – das sieht man an den
Ossis –, dann ist der Schritt von der Barbarei in die Zivilisation ganz klein.

B: Mit dem richtigen Geld in der Hand ist ein Wilder von
uns überhaupt nicht zu unterscheiden.

Nun haben wir es endlich mitgekriegt –
auch wenn überall das Gute siegt,
regieren im Osten und Westen
selten die Besten.

1998

■ ■

Im Brunnen vor dem Tore

(Melodie: Volkslied »Am Brunnen vor dem Tore«)

Im Brunnen vor dem Tore,
da liegt ein deutscher Traum.
Die deutschen Affen klettern
zurück auf ihren Baum.
Sie halten sich für größer,
weil sie jetzt oben sind.
Doch alles, was sie riechen,
das ist ihr deutscher Wind.

Solange sie getrennt warn,
war ihre Liebe heiß.
Nun liegen sie zusammen,
und was sie fühln, ist Eis.
Das deutsche Eheleben

war stets ein Missgeschick.
Denn deutsche Liebe gibt's wohl
nur vor dem ersten Blick.

Im Brunnen aller Deutschen
war nie genügend Raum.
Aus allen Brünnlein schießen,
das ist ein deutscher Traum.
Drum: wollt ihr uns vereinen,
dann schickt uns einen Feind.
Denn wissen wir, wogegen,
dann sind wir vereint.

1999

Mein Hund Bello

Den Menschen erkennt man an seinen Manieren,
und an seinem Verhältnis gegenüber Tieren.
Ich kenne die Menschen und liebe die Viecher,
auf die ist Verlass, dafür hab ich 'nen Riecher.
Die Menschen denken doch nur an sich,
für meinen Hund, da denke ich.
Meine Frau ist plötzlich bei 'nem anderen geblieben.
Mein Bello ist treu, also wen soll ich lieben?

Für Kinder, die schreien, zahlt der Staat auch noch Geld,
mein Bello zahlt Steuern, bloß weil er mal bellt.
Aber macht er mal hin, wo die Kinderchen spielen,
dann gibt es gleich Krach, bloß weil die sich drin sielen.
Verletzt die Mutter die Aufsichtspflicht,

dann kann dafür so'n Hund doch nicht.
Erst verbieten die einem Hund selbst das Scheißen,
dann wundern sie sich, wenn die Tiere mal beißen.

Die Ausländer kommen von sonst wo hierher
und legen sich gegen unsere Sitten noch quer.
Mein Bello hat Stammbaum und muss an die Leine,
der Pole läuft frei rum, sie sehen, was ich meine.
Der eigene Hund ist im eigenen Land
noch weniger wert als der Asylant.
So'n Kerl aus dem Kongo, so'n schwarzer Othello
hat mehr Rechte als mein reinrassiger Bello.

Doch ich und mein Bello, wir halten zusamm.
Vor uns stehen im Inland alle Ausländer stramm.
Den deutschen Blick haben wir zweie gemeinsam.
Mein Bello und ich, wir sind beide nicht einsam.
Wenn einer motzt, dann sage ich fass.
Vor uns wird jeder Neger blass.
Denn beim deutschen Mann und beim deutschen Hund
ist doch das Volksempfinden gesund.

1999

■ ■

Rassenschande

Es legt der Mensch bei Hund und Pferd
aus gutem Grund auf Rasse wert.
Dackel, Pinscher, Schnauzer, Pudel,
rassenreine Kampfhundrudel
sind des Züchters ganzer Stolz –

deutscher Hund aus deutschem Holz!
Selbst bei Kuh und Schaf und Schwein
halten wir die Rasse rein.
Nur der Mensch treibt hierzulande
ungehindert Rassenschande.

Schon Katholik und Protestant
sind der Beginn von Rassenschand.
Wo ist heut noch ein Berliner
rassenrein wie'n Dalmatiner?
Sind Landowskis etwa hier?
reine deutsche Rassenzier?
Wird dein Auto dir gestohlen,
weißt du doch, es war'n die Polen.
Trotzdem treibt man hierzulande
auch mit Polen Rassenschande.

Kann denn ein Mensch wie Lafontaine
dem Rassehund ins Auge seh'n?
Balten, Letten und Kaschuben
balzen sich durch deutsche Stuben.
Wie sich deutscher Balken biegt,
wenn Schwarz auf Weiß im Bette liegt.
Unser letztes Rassepfund
ist der deutsche Rassehund.
Doch es treibt ja hierzulande
selbst das Tier schon Rassenschande.

1999

A: Als Unternehmer kann man sich dieses Deutschland einfach nicht mehr leisten.

B: Allein die Lohnnebenkosten treiben mich aus dem Land.

C: Was soll ich denn sagen? Ich zahl nicht nur Lohnnebenkosten, ich muss sogar meinen Gewinn versteuern.

A: Gewinn? Sie Glücklicher! Ich mache schon lange keinen Gewinn mehr, hat mir mein Steuerberater abgeraten.

B: Steuerberater? Wohl dem, der noch einen hat. Ich muss mir jedes Steuerschlupfloch selber suchen.

C: Steuerschlupfloch? Wohl dem, der noch eins findet! Ich habe längst alle ausgeschöpft und lebe nur noch von der Substanz.

A: Sie haben noch eine Substanz? Sie Glücklicher! Ich lebe schon lange von der Hand in den Mund.

B: Von der Hand in den Mund, das geht ja noch. Mir sind sogar die Hände gebunden. Mich muss meine eigene Frau ernähren.

C: Sie können sich noch eine eigene Frau leisten? Dann geht's ja noch. Ich lebe schon vom Kindergeld.

A: Sie kriegen noch Kindergeld? Das geht ja noch. Meine Kinder müssen sich ihren Hungerlohn schon selbst verdienen.

B: Ihre Kinder kriegen noch Hungerlohn? Da haben sie ja noch Glück! Ich muss meinen Leuten die Hungerlöhne zahlen.

C: Das geht ja noch. Meine deutschen Arbeitnehmer weigern sich schon für Hungerlöhne überhaupt noch zu arbeiten.

A: Sie haben noch deutsche Arbeitnehmer? Sie Glücklicher! Ich muss schon Gast ... Asylanten für mich arbeiten lassen.

B: Arbeiten lassen, das geht ja noch. Bei mir wohnen die Asylanten schon im Nebenhaus.

C: Im Nebenhaus? Das geht ja noch. Bei mir sind sie schon im Garten beim Umgraben.

A: Im Garten? Das geht ja noch. Bei mir haben sie schon Küche und Besenkammer besetzt.

B: Küche und Besenkammer, geht ja noch. Ich muss schon mit einer ukrainischen Asylantin das eigene Bett teilen.

C: Mit einer ukrainischen Asylantin? Das geht ja noch. Ich habe schon fünf Thailänderinnen am Hals.

B: Am Hals? Das geht ja noch. Ich muss meine Thailänderinnen schon weiter vermieten.

A: Vermieten geht ja noch. Ich habe keine Menschenseele zu vermieten. Ich muss selber Miete zahlen.

C: Glücklich, wer das noch kann. Ich musste schon zu meinen Schwarzarbeitern in den Container ziehen.

A: Container geht ja noch. Ich muss mit meinem Gast-Asylanten zelten.

B: Zelten geht ja noch. Seit Schlechtwettergeld wieder eingeführt ist, schlafen wir alle nur noch unter freiem Himmel.

C: Sie können noch schlafen? Sie Glücklicher! Mir raubt der Standort Deutschland sogar schon den Schlaf.

B: Schlaf rauben, das geht ja noch. Mich haben meine Schwarzarbeiter schon selbst ausgeraubt, nur weil ich keinen Lohn zahlen konnte.

C: Ausrauben geht ja noch. Mich wollten sie deshalb gleich erschlagen.

B: Erschlagen wollen geht ja noch. Mich hätten sie erschlagen, wenn sie rausgekriegt hätten, dass ich ihr Arbeitgeber bin.

C: So bleibt uns Arbeitgebern nur noch die Flucht.

A: Dahin, wo die Arbeitnehmer schon froh sind, wenn sie überhaupt noch arbeiten dürfen.

C: Jawohl, zum Beispiel nach Sachsen-Anhalt.

1999

Deutsch bleibt deutsch

(Melodie: Wolfgang Amadeus Mozart »Sonate C-Dur«)

Wo sind die Zeiten dahin,
als noch Diktatur war in Berlin?
Als noch der Honecker uns winkte, weil wir ihm gewunken,
als unsre Häuser noch im roten Fahnenmeer ertrunken,
als noch des guten Mielkes Auge unsren Schlaf bewachte
und uns die Mauer sicher machte und der Krenz uns lachte,
als man's als Dissident zu zwei/drei Jahrn Gefängnis brachte,
als uns die Partei noch lenkte
und uns alles Denken schenkte –
überall war Sicherheit –
wo ist die Zeit?

Heute sind wir fortgeschritten –
Andre Zeiten, andre Sitten!
Deutsch bleibt deutsch, und das sieht man uns auch an.
Deutsch bleibt deutsch, weil man hier schnell vergessen
   kann.
Wir kenn kein Lenin, kein Ho Chi Minh, nur Disziplin.

Jetzt macht man Staat als Demokrat.
Was früher war, das ist ja klar, ist nicht mehr wahr.
Von der Oder bis zur Saar:
Leben heut nur noch Demokraten.
Was er war, weiß keiner, wenn der Deutsche das nicht will.
Die Geschichte Deutschlands heißt nun mal: April, April –
jawoll!

Erinnern muss sich keiner, weil die Erde sich ja dreht.
Eh wir uns erinnern, ist es sowieso zu spät.

Wir Deutschen sind schon immer so. Wir sind uns nämlich
immer treu.
Das Neue ist bei uns schon alt. Das Alte macht uns ewig
neu.

Hitler kennt kein Deutscher, denn der ist schon lange tot.
Rot sein mag kein Mensch mehr, denn nur Böse sind ja rot.
So lang das Bier in Deutschland schmeckt,
so lang der deutsche Dax nicht fällt,
so lang der Neger hier erschreckt,
wenn ihn ein deutscher Hund anbellt,
so lange Deutschland uns gehört,
das heißt, so lang die deutsche Frau
sich gegen Türkenschweine wehrt
so lang fühlt sich die deutsche Sau
im deutschen Manne pudelwohl.
Wir haben auch – das ist bekannt –
in Toleranz das Monopol.
Wer das nicht glaubt, kommt an die Wand.
Kommt, Leute, sauf'n, wir noch ein' –
Wir wollen wieder Deutsche sein …

Wo sind die Zeiten dahin,
als es noch hieß: Reichshauptstadt Berlin!
Als noch der Kaiser Wilhelm uns den Ersten Weltkrieg
brachte,
und – als er ihn verlor – mit Sack und Pack nach Holland
machte,
als dann die Luxemburg und Liebknecht dafür büßen
mussten,
weil wir dem Kaiser für den Weltkrieg nicht zu danken
wussten,

als dann der Führer nur zur Probe mal im Münchner Hof-
   bräu putschte
und seinen Kampf schrieb und das Volk im Schlafe Daumen
   lutschte,
bis dreiunddreißig dann dank Hitler unser Volk erwachte
und deutsche Ordnung erst zu Haus, dann in Europa machte.
An uns wär die Welt genesen,
wären die Juden nicht gewesen,
die auf unsre deutschen Knochen
feig nach Auschwitz sich verkrochen –
das nehm' wir auf unsren Eid.
Wo ist die Zeit?

Doch wir waren nur kurz die Bösen,
weil die andern Völker dösen.
Deutsch bleibt deutsch, weil wir immer klüger sind.
Deutsch bleibt deutsch, weil wir wieder Sieger sind.
Wir führen keinen Krieg,
denn das ist heut nicht mehr modern.
Das deutsche Geld ist deutscher Sieg,
denn das sehen alle Völker gern.
Wir haben den ganzen deutschen Braten
Und sind trotzdem Demokraten.
Wir sind jetzt die Größten und wir blasen euch den Marsch,
denn wir sind die Schönsten vom Gesicht bis an den Arsch.
Wir sind auch die Klügsten, denn wir haben das meiste
   Geld.
Deutschland über alles, über alles in der Welt.
Jawoll!

2000

Angelas Dank an Gerd

(Melodie: Musical Cabaret, Titel »Mein Herr . . .«)

Mesdames et Messieurs, Ladys and Gentlemen, Damen und Herren, nie ist ein deutscher Bundeskanzler von seinem Höhenflug so tief herabgestürzt wie Deutschlands Frauenschwarm Gerhard Ikarus Schröder. Und jetzt versucht das Wunder von Templin sich wie eine tiefgefrorene Mecklenburger Landente, heftig Flügel schlagend, in die Höhe zu schwingen. Angelas Dank an Gerd:

> Du warst einmal der größte Frauenheld, mein Gerd.
> Dir haben alle Weiber nachgestellt, mein Gerd.
> Doch heut fällt keine Frau, die auf sich hält, mein Gerd,
> auf dich rein,
> armes Schwein.
> Du bist durch,
> unten durch
> wie ein Lurch –
> unten durch.
> Bye, bye, mein lieber Gerd,
> du warst das falsche Pferd.
> Jetzt wird auf mich gehört –
> auf eure Angie.
> Dass ich mit Putin flirt,
> verdank ich dir, mein Gerd.
> Du hast mich hoch gebracht –
> an die Macht.
> Hättest du nicht versagt,
> wer hätt nach mir gefragt?
> Einst war ich Helmuts Magd,
> jetzt bin ich oben.

Dass ich jetzt Chefin bin,
die erste Kanzlerin,
das ist,
auch wenn du grienst,
dein Verdienst.
Kein Stoiber und kein Wulff hat's mir gegönnt, mein Gerd.
Der Merz würd mich erwürgen, wenn er könnt, mein Gerd.
Die ganze Männerriege hat gepennt, mein Gerd.
Auch den Koch
mach ich noch –
stepp by stepp –
hier zum Depp.
Bin nur Frau,
aber schlau.
Ich hab Kohl gelernt,
wer stört, der wird entfernt.
Mehr hab ich nicht gelernt,
doch das genügt ja.
Was uns hier oben eint,
ist: Wir sind spinnefeind.
Was heißt in Deutschland führen?
Intrigieren.
Programm hab ich noch keins,
der Schröder hatte eins,
da nehm ich eben seins
und mach so weiter.
Der Neuwahl ganzer Sinn
für mich als Kanzlerin
ist, dass ich's endlich bin
Kanzlerin!

2004

Er will doch nur spielen

(Melodie: Annett Louisan »Das Spiel«)

Dass er nicht mehr ist, was er einmal war,
das ist unserm Gerd heute noch nicht klar.
Dass er alles schmeißt wegen einer Wahl
und dann doch verliert, find ich nicht normal.
Seit ihn Angie kalt aus dem Amt gerammt,
schleicht er jede Nacht jetzt ums Kanzleramt.
Doris sitzt zu Haus. Gerd hält es nicht aus,
im Kissen zu wühlen.
Er will doch nur spielen.
Er tut doch nichts.

Dass er manchmal weint oder störrisch bockt,
weil er jetzt bei ihr in Hannover hockt.
Dass es plötzlich die blöde Merkel gibt,
die die Macht wie er mehr als alles liebt.
Dass der Münte sich mit der Kuh einlässt,
das gibt unserm Gerd noch den letzten Rest.
Es war nie geplant, dass er sich jetzt fühlt
wie einer von vielen.
Er will doch nur spielen.
Er tut doch nichts.

Dass er nicht mehr schläft, weil es ihn erregt,
dass die Erde sich ohne ihn bewegt,
dass er keinem fehlt, außer seinem Hund.
Er war nie gemacht für den Hintergrund.
Da steht er jetzt rum, tut so dies und das,
fährt sich durch das Haar, keiner fragt ihn was.
Warum hat denn nur keiner mehr Respekt

vor seinen Gefühlen?
Er will doch nur spielen …

2005

Der Staat bist du

Angela, unsre Kanzlerin,
wir knien in Ehrfurcht vor dir hin.
Dein weiches Haar, dein frommer Blick
brach schon so manchem das Genick.
Du bist die eiserne Jeanne d'Arc –
Angela aus der Uckermark.
Dein Weg nach oben war so steil –
du bist nicht schön, doch Macht ist geil.

Dein Wort gilt nicht nur in Berlin.
Auf dich hört Rom, Paris und Wien.
Obama fragt sich voller Graus,
wann zieht die Frau ins Weiße Haus.
Der Papst in seinem Petersdom
hat Angst, du stürzt auch ihn vom Thron.
Der liebe Gott schuf dich als Queen,
du Fräuleinwunder aus Templin.

Angela, eiserne Jeanne d'Arc,
Miss Marple aus der Uckermark,
du bist Europas Domina,
stehst heute hier und morgen da,
und fällst du zwischendurch mal um –
kein Wähler nimmt dir so was krumm,

weil ja bis heut nicht sicher ist,
wofür du morgen wieder bist.

Legt sich auch Brüssel manchmal quer,
tust du zu Haus, als ob nichts wär.
Legt sich mal ein Minister quer,
dann ist er es ganz schnell nicht mehr.
Du hast doch immer nur gesiegt,
weil man dich nie zu fassen kriegt.
Es hält in deinem Dauerlauf
dich weder Ochs noch Esel auf!

2008

Ein bisschen Krieg braucht
dieses Land zum Leben

Frau: Siegfried, die jungen Leute mit den Glatzen sind
wieder da. Komm gucken. Alleine krieg ich das
Gruseln, aber zusammen guckt man doch gerne zu.

Mann: Was ist ein Tatort im Fernsehen gegen ein echtes
Asylantenheim vorm Fenster. Wenn die ganzen
Ausländer aus Deutschland mal wieder raus sind,
kannst du sagen, du bist dabei gewesen.

Frau: Nu, das ist wie mit der Wende damals. Die haben
wir auch von unserm Fenster aus genau beobach-
tet – erst hinter der Gardine und dann sogar bei
offenem Fenster.

Mann: Gucke mal, wie feige die Asylanten sind – nicht
mal ans Fenster traun die sich. Dabei sind die in
der Überzahl, wenn du Frauen und Kinder mit-
rechnest.

Frau: Also, schön finde ich unsere Glatzköpfe da unten
ja nicht. Aber froh bin ich dann doch, dass sie sich
für uns alle einsetzen.

Mann: Du, wenn ich jünger wäre, ich würde da auch mit-
mischen.

Frau: Aber eine Glatze würde ich an dir nicht dulden
können.

Mann: Das sind doch bloß Äußerlichkeiten, Kriemhilde.
Aber einmal selber was anzünden – du, ich beneide
die Jugend von heute. Die müssen nicht wie wir
zum Fackelzug und Solidarität schrein ...

Frau:	Nu gucke mal da, jetzt hat der Kleine doch noch getroffen … Jetzt brennt's da am Fenster … Schade, schon wieder aus.
Mann:	Diese Neger hängen ja auch nie Gardinen ins Fenster – was soll denn da Feuer fangen?
Frau:	Die leben eben hier wie zu Hause im Dschungel …
Mann:	Gucke, jetzt kommt die Polizei.
Frau:	Was will die denn schon hier? Ist doch noch gar nischt passiert. Nu guck mal, wie grob die auf die eigenen Landsleute einschlagen. (ruft) Das sind doch noch Kinder!
Mann:	Beug dich nicht raus, wir sind neutral, auch wenn wir wissen, wogegen wir sind. Gucke nur, wie tapfer sich unsre Jungs wehren. Die verkriechen sich nicht wie das feige Asylantenpack, das jetzt auch noch zusehen darf, wie sich deutsche Männer schlagen.
Frau:	Wenn die Polizei so früh eingreift, muss sie sich auch nicht wundern, wenn sie jetzt mal abkriegt, was für die Ausländer gedacht war.
Mann:	Wieso die Polizei da überhaupt eingreift, verstehe ich nicht. Hören die denn gar nicht auf die Politiker?
Frau:	Die Politiker sagen doch heute so und morgen so. Erst sagen sie, so geht's nicht weiter mit den Asylanten, und wenn dann einer was unternimmt, sagen sie, dass sie das nicht so gemeint haben.
Mann:	Die ganze CDU – vorm Bundestag das große Maul, da wollen sie gleich das ganze Grundgesetz ändern, aber vorm Asylantenheim, wo sie wirklich was gegen die Asylanten tun könnten, lässt sich kein Schäuble blicken.
Frau:	Das war immer so – die Drecksarbeit bleibt am kleinen Mann hängen. Du wirst sehn, wenn die Ausländer erst raus sind, werden die Repse auch wieder

verboten. Der Mohr hat seine Schuldigkeit getan,
der Mohr kann gehen.

Mann: Aber Kriemhilde – ein Reps ist doch kein Mohr.

Frau: Aber er macht sich die Finger schmutzig am Neger.

Mann: Wir schweigen.

Frau: Aber wir sind die Mehrheit!

1991

Die Lichterkette

A: Entschuldigung, haben Sie mal Feuer?

B: Ja natürlich. Schön so eine deutsche Lichterkette, nicht wahr?

A: Ja, irre gut das Gefühl, das man dabei hat. Mit so einer Kerze in der Hand kann man nichts falsch machen. Die ist unpolitisch.

B: Man steht nicht mehr so untätig rum. Man tut was für Deutschland.

C: Wieso für Deutschland? Ich stehe hier für die Ausländer.

B: Naja, im übertragenen Sinne natürlich auch für die Ausländer. Damit die endlich mal ein anständiges Deutschlandbild kriegen.

A: Die haben doch vor lauter brennenden Asylheimen das andere Deutschland gar nicht mehr gesehen.

B: Aber das ist ja nun vorbei. So eine Kerze stellt jeden Brandsatz in den Schatten.

C: Aber ich stehe hier, damit keine Ausländer mehr brennen.

B: Na wir doch auch. Man zündet seine Kerze an und alle wissen Bescheid – hier wird heute kein Asylheim angezündet. Irre gut, das Gefühl.

A: Ich konnte zum Schluss gar nicht mehr zugucken, als überall die Heime brannten.

C.   Ach, Sie haben da zugeguckt?

A: Na, wenn die bei uns gegenüber so ein Heim hinsetzen, soll ich da weggucken?

B: Wir haben zum Schluss die Jalousie runtergelassen. Wir konnten es einfach nicht mehr mit ansehen.

A: Bei so einer Lichterkette muss keiner weggucken.

B: So ist es. Hab ich meinem Sohn auch gesagt: Lass mal den Molotowcocktail und nimm 'ne ordentliche Kerze in die Hand. Kommst du auch ins Fernsehen.

C: Ach, Ihr Sohn wirft Molotowcocktails?

B: Na was erlebt so ein junger Mensch denn noch, seit bei uns die Fackelzüge so in Verruf geraten sind?

C: Was denn, Sie stellen sich hier mit einer Kerze hin, während Ihr Sohn jetzt vielleicht …

B: Heute nicht. Heute ist Lichterkette, da hat er Stubenarrest.

C: Sie sollten vielleicht lieber mal mit Ihrem Sohn reden, statt hier rumzustehen?

B: Reden, reden, immer bloß reden. Wir müssen endlich was tun.

A: Ein Zeichen setzen, damit das Gerede über Deutschland endlich wieder aufhört.

B: Und so eine Lichterkette kostet ja auch kaum was, aber sie rechnet sich am Ende für alle.

C: Wieso rechnet sich eine Lichterkette?

A: Na denken Sie doch bloß mal an den Export. So lange hier nur Asylheime brannten, wollten die uns doch nicht mal mehr unsere Autos abnehmen.

B: Jetzt kaufen die auch wieder deutsche Panzer.

A: Und deshalb sage ich immer: Lieber die Kerze in der Hand, als die Ausländer am Hals.

K: Und Sie, junger Mann? Haben Sie auch eine Meinung
   oder halten Sie sich bloß raus?

D: Ich halte mich nie raus. Ich bin überall, wo's brennt.
   (zieht eine Brandflasche mit Zündschnur aus der Tasche)
   Haben Sie mal Feuer?

1992

Das Geheimnis der Sieger

Wir heißen Müller, Schulze, Meier
und sind bei jeder Siegesfeier
diskret im Hintergrund.
Mit uns kann niemand Krieg beginnen,
doch ohne uns auch nicht gewinnen.
Und das hat seinen Grund.

Wir lieferten bereits als Affen
den andern Affen unsre Waffen
und schossen selber nie.
Wir sind auch nie für Demagogen
in ihren schmutzgen Krieg gezogen.
Wir liefern nur für sie.

Wo wir sind, fallen keine Schüsse.
Wir fassen friedliche Beschlüsse
und zähln nur den Erlös.
Wer sagt, dass Waffen an sich schlecht sind?
Wir wissen doch, dass sie gerecht sind –
sie treffen Gut und Bös.

Im Krieg sind wir daheim geblieben,
weil wir wie alle Frieden lieben –
da sind wir konsequent.
Uns kann man nicht den Blick verkleistern
und für ein Vaterland begeistern.
Wir rechnen in Prozent.

Auch Rauschgiftbosse sind nicht süchtig.
Sie sind wie wir solvent und tüchtig.
Wer das nicht glaubt, stirbt dumm.
Wir hassen alle schrillen Töne
und haben Sinn für alles Schöne.
Wir bringen keinen um.

Wir hören niemals auf Propheten.
Wir hören nur auf die Moneten.
Das ist der ganze Sinn.
Wir lernten alle Niederlagen
und alle Siege zu ertragen –
und immer mit Gewinn.

1991

An uns soll's nicht liegen

Was immer auch die Menschheit tut –
die Welt ist schlecht, der Mensch ist gut.
Wie sauber sich der Mensch auch hält –
um ihn herum verdreckt die böse Welt.
Die Umwelt, die wir so behüten,
geht ein, weil finstre Mächte wüten.

Indes wir für Naturschutz werben,
gehen Bäume ein und Fischlein sterben.
Trotz Tierschutz stirbt der Wal im Wasser,
als wäre er ein Menschenhasser.
Die Hausfrau wäscht phosphatfrei – und?!
Bleibt jetzt das Grundwasser gesund?
Wir halten rein die liebe Luft.
Der Wind bläst Dreck hinein, der Schuft.
Wir bauen Bomben aus Neutronen,
die nachweislich die Umwelt schonen.
Wir tanken bleifrei, fahren mit Kat.
Wie dankt uns das das grüne Blatt?
Es hängt so welk am trocknen Ast,
als wär das Leben eine Last.
Der Mensch gewordene Optimismus,
der fehlt dem Pflanzenorganismus.
Und grade so wie die Natur
stellt sich auch die Geschichte stur.
Der Mensch ist gut. Doch die Geschichte
macht alles Gute schnell zunichte.
Sie nimmt dem Menschen alles krumm.
Drum drehn wir uns nicht nach ihr um.
Wer immer strebend sich bemüht,
erfindet eben Dynamit.
Solch menschlichen Erfindungsgeist
verfälscht die Kriegsgeschichte dreist.
Was auch der Mensch an Fortschritt schafft,
Geschichte ist die böse Kraft,
die nach dem Krieg auch Sieger quält,
indem sie seine Opfer zählt.
Wie wären wir Deutschen populär,
wenn da nicht die Geschichte wär!
Von uns gibt's herrliche Gedichte.

Was schlecht war, ist doch nur Geschichte.
Und noch eins – wär der Mensch allein,
dann könnte er auch friedlich sein.
Der Mensch ist gut. Die anderen sind schlecht.
Die Ein-Mensch-Welt wär endlich ganz gerecht.
Des Menschen Güte wär unendlich
und Toleranz ganz selbstverständlich.
Ein jeder könnte ganz er selber sein,
denn keiner schleppte fremde Sitten ein.
Kein Neger würde bei uns blass –
es gäb ja keinen Fremdenhass.
Kein Türke würde uns mehr stinken.
Kein Skinhead schlüge einen Linken.
Kein Linker wäre selbstgerecht.
Auch Scheiße röche nicht mehr schlecht.
Der gute Mensch hat Gott-sei-Dank
nichts gegen eigenen Gestank.
Der Mensch ist gut. Wir brauchen uns nur
von den andern,
der Geschichte und Natur,
endgültig zu lösen.
Und schon sind wir
jenseits von allem Bösen.

1992

Nachgefragt

A: Habt ihr das gelesen? Mielke hat im Spiegel-Interview
      gesagt, wenn er noch dran gewesen wäre, wäre es zu
      Rostock nicht gekommen.

B: Na also – Freiheit für Erich Mielke, damit er die Ausländer vor uns Ostdeutschen schützt.

C: Und euch Ostdeutsche vor uns Westdeutschen.

D: Aber ihr nehmt uns doch nichts weg. Ihr stellt doch nur die alten Besitzverhältnisse wieder her.

B: Und das ist nur gerecht: Deutschland den Deutschen und Ostdeutschland den Westdeutschen.

D: Alles muss so werden, wie es schon mal war.

A: Richtig. Hoyerswerda und Rostock haben ja eindrucksvoll bewiesen, dass die deutsche Vergangenheit wieder eine Zukunft hat.

C: In den Fernsehübertragungen konnte die Weltöffentlichkeit ja miterleben, was es heißt, in Deutschland Asyl zu genießen.

B: Was die Welt über uns denkt, kann uns egal sein. Schließlich machen wir uns auch keine Gedanken darüber.

A: Wir haben ganz andere Sorgen, gerade hier in Berlin.

D: Jawohl, wenn nun zu den vielen Asylanten auch noch die vielen, vielen Politiker nach Berlin kommen, wo sollen wir die denn alle unterbringen?

B: Wie wär's mit Sammellagern für Politiker? Stellt euch mal vor – Seiters und Waigel im Doppelstockbett.

C: Und Waigel möchte immer nur oben liegen.

A: Das wäre für unsere Politiker dann gelebte Asylpolitik.

D: Da könnten sie dann in aller Ruhe das Grundgesetz so lange ändern, bis es ihnen passt.

B: Ist es nicht wunderbar, was wir jetzt alles sagen dürfen, hier im Osten? Ganz egal, ob wir's formulieren können oder nicht.

C: Die Gedanken sind eben frei. Auch von jeder humanistischen Bevormundung.

A: Schließlich haben wir aus der deutschen Geschichte gelernt.

B: Richtig. Heute stören uns noch die Ausländer in Deutsch-
       land …

D: … und morgen in der ganzen Welt.

1992

■ ■

Die Moritat von deutscher Humanität

(Melodie: Hanns Eisler »Dreigroschenoper«,
»Die Moritat von Mackie Messer«)

Und der Haifisch, der hat Zähne
und die trägt er im Gesicht.
Doch ein Deutscher hat Gesinnung
und Gesinnung sieht man nicht.

Ach, es sind des Haifischs Flossen
rot, wenn dieser Blut vergießt.
Deutsche Männer, Volksgenossen
sehn nur zu, wenn Blut hier fließt.

Ob in Rostock, Hoyerswerda –
wo ein Asylant auch brennt –
lacht die deutsche Hausfrau Gerda,
wenn der feige Fidschi rennt.

Und im schönen Bundestage
ist man dann mit Recht empört,
weil der Kurde und Zigeuner
unser deutsches Ansehn stört.

Brennt erst mal so ein Asylheim,
kommt die Menschlichkeit zu spät.
Ein zigeunerfreies Mühlheim
garantiert Humanität.

Ach, wie würde Deutschland glänzen,
ließe man das Pack nicht rein.
Diese Neger und Tamilen
schleppen Aids und Nazis ein.

Gäb's den Juden nicht und Neger,
schlüge ihn kein deutscher Mann.
Denn ein Nazi ist kein Nazi,
wenn er's nicht beweisen kann.

1993

Ein bisschen Krieg

Ein bisschen Krieg braucht dieses Land zum Leben.
Ein bisschen Krieg, der unser Volk vereint.
Ein bisschen Krieg wird den Gemeinsinn heben.
Ein bisschen Krieg, der scheidet Freund und Feind.
Es gäbe endlich wieder deutsche Helden
von deutschen Müttern deutsch geboren.
Und nach dem Krieg wär Deutschland aufzubauen –
ob nun gewonnen, ob verloren.

Ein bisschen Krieg für Deutschlands innren Frieden.
Ein bisschen Krieg, der Arbeitsplätze schafft.
Ein bisschen Krieg für deutsche Waffenschmieden.

Ein bisschen Krieg und statt Asyl gäb's Haft.
Die Waffenhändler brauchten nicht zu schieben.
Wir gäben Gold für Eisen hin.
Sie würden Deutschland über alles lieben
und machten trotzdem noch Gewinn.

Ein bisschen Krieg – wer brauchte dann noch Drogen?
Ein bisschen Krieg – die Jugend wäre clean.
Ein bisschen Krieg – ganz ohne Demagogen –
ein bisschen Krieg – der würde sie erziehn.
Es gäbe endlich wieder Abenteuer.
Man wüsste mit sich selbst wohin.
Ein bisschen Krieg, ein bisschen deutsches Feuer,
und alles hätte wieder Sinn.

1993

Wenn wir den Krieg verloren hätten

Wenn wir den Krieg verloren hätten,
erginge es uns Deutschen schlecht.
Denn alle Polen, Russen, Letten,
der ganze Abschaum wär im Recht.

Zigeuner dürften sich jetzt rächen,
weil wir nicht alle umgebracht.
Mal einen Deutschen abzustechen,
das wäre nichts, was man nicht macht.

In engen Sammellagern hockte
das deutsche Volk jetzt ohne Raum.

Der blinde Deutschenhass frohlockte,
und deutsches Leben zählte kaum.

Der Semitismus würde blühen.
Die Juden würden ihren Stern
auf deutsche Heldengräber sprühen
und alle Linken sähen das gern.

Faschisten müssten wieder leiden.
Die Kommunisten wären fein raus,
sie dürften Postämter bekleiden,
ganz Deutschland wär ein Armenhaus.

Doch dass wir diesen Krieg verloren,
war Gott sei Dank nur ein Gerücht.
Was wir verloren, ist das Gedächtnis,
denn mehr verlieren Deutsche nicht.

1993

Zeit zum Totschlagen

Meine Brüder und Schwestern!

Wie heißt es doch in der Bergpredigt Kapitel 5, Vers 3? »Selig sind, die da geistlich arm sind.« Marktwirtschaftlich ausgedrückt: Die dümmsten Bauern haben die größten Kartoffeln. Und wer in unserer Computergesellschaft rechnen gelernt hat, der weiß doch längst, die heilige Dreifaltigkeit setzt sich für uns zusammen aus Einfalt, Einfalt und nochmals Einfalt. Und diese dreifache Einfalt versöhnt uns mit der Gnade der späten

Einsicht: Wer nicht in der dritten Welt geboren wurde, hat einfach Schwein gehabt. Und dieses Schwein bestimmt unser Bewusstsein. Wir dürfen nur nicht über das Pech der anderen nachdenken. Denn, wann wird der Mensch unglücklich? Wenn er über sich und die anderen nachzudenken beginnt. Und wann tut er das? Wenn er nichts anderes zu tun hat. Der gewöhnliche Sterbliche also in der Freizeit, der Beamte in der Dienstzeit. Deshalb muss den Beamten die Dienstzeit verkürzt werden wie uns anderen die Freizeit.

Als Gott sich seinerzeit am siebenten Tag das gewerkschaftliche Recht auf den freien Sonntag nahm, war er wohl nicht mehr frisch genug, um über die Folgen nachzudenken. Sonst hätte er die Gewerkschaften nämlich aus seiner Schöpfung vertrieben, bevor sie auf den dummen Gedanken kamen, auch dem Arbeitnehmer seine Zeit für ebenso dumme Gedanken zu erkämpfen. Die von Gott dazu auserkorenen Arbeitgeber wissen noch, wo Gott wohnt. Denn sie wohnen ja ähnlich. Wer aber im sozialen Wohnungsbau wohnt, der ahnt doch nicht, dass sein ganzer sozialer Neid nur daher kommt, dass er zu viel Zeit zum Nachdenken hat. Wann erwacht denn der Neid des Bergmanns? Doch nicht untertage, wo er seiner schönen Arbeit nachgeht, sondern übertage, wenn er untätig die schönen Häuser seiner Arbeitgeber sieht. Nur die viele Freizeit macht den arbeitenden Menschen zur sozialen Gefahr. In ihr entwickelt er nämlich die kriminelle Neigung über ganz normale Wirtschaftskriminalität nachzudenken. Wann fängt denn der normale Mensch an zu morden? Doch nicht, wenn er alle Hände voll zu tun hat, also in der Arbeitszeit! Mord ist Freizeitbeschäftigung. Ehepaare, die ordentlich, also in unterschiedlichen Schichten arbeiten, bringen einander doch nicht um, solange sie keinen zu langen gemeinsamen Urlaub verbüßen müssen.

Nein, meine Brüder und Schwestern, nur wenn der Mensch zu lange untätig rumsitzt, beginnt er seinen Mitmenschen zu

hassen. Das erklärt doch die vielen unglücklichen Beamten-
schicksale. Deshalb kann ich den Beamten unter uns nur raten, denkt nicht, sondern dient! Den Glücklichen unter ihnen,
denen Gott Uniform und Waffe verlieh, eröffnen sich ja auch
endlich Möglichkeiten, sich ihrer Waffen auch wieder zu be-
dienen. Noch braucht man einen Blauhelm, um sich draußen
in der Welt freischießen zu dürfen. Aber da Gott nun einen
Anfang geschaffen hat, wird dem deutschen Menschen die
Fortsetzung schon einfallen. Somalia war nur ein Pilotprojekt.
Der deutsche Tourist hat die Dritte Welt nur fotografiert. Der
deutsche Blauhelm aber wird sie verändern.

1993

Beim Packen eines Pakets

Haben Sie es auch schon gehört? Es soll einen Umsturz geben. Mich schreckt das nicht, ich bin an Umstürze gewöhnt:
1945 die Russen, 1990 die Wessis und jetzt die Amis. Sollen
sie kommen – wir schieben sie ab. Die USA zählen ja zu den
sicheren Drittländern. Der Herr Eggert, der sächsische Innenminister, ist direkt nach Amerika rüber gemacht und hat fest-
gestellt, dass man in den USA bestenfalls auf dem elektrischen
Stuhl landen kann. Aber selbst da hast du noch die Aussicht,
dass es im Fernsehen übertragen wird. Und wer möchte nicht
mal gerne ins Fernsehen.

Der Eggert kommt ja von den Bürgerrechtlern und Ausländer sind schließlich keine Bürger – was brauchen die da Rechte?
Beim Eggert besteht auch keine Gefahr, dass er Asylanten Kir-
chenasyl gibt, der ist ja kein Pfarrer mehr, der ist ja bloß noch
gnadenlos. Wo soll er da die Kirche hernehmen? Es besteht

auch keine Gefahr, dass er die Kurden in seinem Innenministerium asylieren lässt, bloß weil sie in der Türkei gefoltert werden. Sein Schreibtisch ist so vollgepackt mit Ausländer-raus-Gesetzen, da hat doch kein Kurde mehr Platz.

Wenn jetzt noch die Amis kommen – also so viel Einzelzellen und Blechcontainer hat auch so ein reicher Freistaat wie Sachsen nicht, um sie alle in Abschiebehaft zu nehmen. Und darum pack ich für die schon mal die Fresspakete. Nach Eggerts Originalrezept, das hat er ausprobiert an Romas, Armeniern und Kroaten: eine Tüte Nudeln, ein Weißbrot, ein Stück Butter – gesalzen, damit sie länger hält –, 500 Gramm Reis, 225 Gramm Truthahnpastete und eine Packung H-Milch. Ich vermute, der Eggert hat früher immer solche Pakete von der Westtante gekriegt, nun rächt er sich.

Und alles natürlich längst über dem Verfallsdatum. Das kann er seinem Hund doch nicht vorsetzen. Und irgendwer muss es ja fressen. Und bevor die Amis kommen, schicke ich ihnen die Pakete als deutschen Gruß. Damit sie mal einen Vorgeschmack von uns kriegen. Wollen wir wetten, dass die bei sich zu Hause bleiben? 1995

Nationalgefühl konkret

Deutsche Zukunft heißt hinten beginnen,
verlorene Kriege nachträglich gewinnen.
Weiterdenken heißt, sich besinnen
auf die deutschen Traditionen –
deutsch sein muss sich wieder lohnen.
Deutsche, kauft deutsche Zitronen.
Deutsche, malt deutsche Ikonen.

Meidet alle fremden Wörter,
setzt euch nur auf deutsche Örter –
im deutschen Bad, im deutschen Klo
ist alles oho!
Deutsche Trinker von Hamburg bis Niesky,
trinkt nur den echten deutschen Whisky.
Ehrt das deutsche Whisky-Wunder,
denn es schmeckt wie Bommerlunder.
Deutsche Kinder, kauft deutsche Waffen.
Deutscher Zoo den deutschen Affen.
Deutsch die Löwen und auch deutsch die Tiger,
singt auf Deutsch, ihr schwarzen Jazz-Musiker.
Deutsche Mütter, nehmt nur deutschen Samen
und nennt eure Kinder beim deutschen Namen.
Weg mit dem T-Shirt, der deutsche Ulli
trägt den guten deutschen Pulli.
Babys saugt am deutschen Schnulli.
Übersetzer – seid nicht länger Bösewichter,
übersetzt nur deutsche Dichter.
Deutsche meidet arabische Zahlen
und tragt keine römischen Sandalen.
Es braust ein Ruf von hier bis Jena:
Esst beim deutschen Italiener!
Ein deutscher Papst wohnt nicht in Rom,
sondern hier im deutschen Dom.
Fernsehen, sende deutsche Serien,
Deutsche macht in Bayern Ferien.
Raucher macht die Ucker stark,
raucht Kräuter aus der Uckermark.
Deutschlehrer, morgen ist es zu spät,
lehrt nicht länger das Alphabet.
Wollt ihr dem deutschen Vaterland nützen,
erzieht den deutschen ABC-Schützen.   1995

A: Übrigens, wer bezahlt eigentlich die deutschen Bomben, die auf Serbien fallen, um im Kosovo die Einhaltung der Menschenrechte zu erzwingen?

B: Wir natürlich – du, ich, alle deutschen Steuerzahler, ist doch klar.

A: Und dieselben Steuerzahler spenden jetzt um das Flüchtlingselend im Kosovo zu lindern.

B: Wir versuchen sozusagen, mit unseren Spenden wieder gutzumachen, was mit unseren Steuergeldern angerichtet wird.

A: Nein, das kommt erst später, wenn in Serbien wieder aufgebaut werden soll, was die Bomben jetzt zerstören.

B: Jetzt spenden wir für die Kosovaren, weil sie von den Serben vertrieben werden.

A: Und bezahlen mit unseren Steuern Bomben, die jetzt zerstören, was später einmal mit Hilfe unserer Spenden wieder aufgebaut werden muss.

B: Warum schicken wir nicht gleich die Steuergelder statt der Bomben nach Serbien?

A: Weil Milošević ein Verbrecher ist. Und Verbrecher besticht man nicht, Verbrecher bombardiert man.

B: Aber doch nur, wenn man sicher ist, sie auch zu treffen.

A: Willy Brandt hat einmal gesagt, ohne Frieden gibt es keine Menschenrechte.

B: Die NATO sagt jetzt, ohne Menschenrechte im Kosovo gibt es keinen Frieden in Serbien.

A: Wieso wird eigentlich nur Belgrad bombardiert und nicht Ankara auch?

B: Ankara? Mensch, die Türkei ist Mitglied der NATO!!!

A: Da kann man dem Milošević eigentlich nur raten, schnell in die NATO einzutreten.

B: Dann kann er mit den Albanern umgehen wie Ecevit
        mit den Kurden.
A: Und wir sparen das Geld für die Bomben.

1999

■ ■

Die bayerische Antwort auf Europa

Ein Gespenst geht um in Europa. Das Gespenst des Euro. Unsere ganze Hoffnung ruht auf Bayern, der letzten europäischen Großmacht auf deutschem Boden.

Unser schönes Bayernland geb mer net in Türkenhand!

Stoiber hat uns geschworen,
Bayern ist net verloren.
Multikulti? Mir san stur –
bayerisch ist die Leitkultur.
Leberkäs und Lederhos
machen Bayerns Buben groß.
Mag die Welt Europa feiern –
unser Bayern bleibt doch Bayern.

In Rom blüht jetzt der Enzian –
ein Bayer sitzt im Vatikan.

Sachsen ham mer längst besetzt,
auf Berlin marschiern mer jetzt.
Stoiber zieht in Schröders Haus,
wer net jodelt, der fliegt raus.
Schluss ist mit dem Euroquark,
ab sofort gibt's Bayernmark.

Das ist doch a Grund zu feiern –
die Weltbank kommt nach Bayern.

Von Grönland bis zur Steiermark –
zahlt man dann mit Bayernmark.

Bayern is a Kontinent,
wo man nix als Bayern kennt.
Weißwurscht und Oktoberfest
ist, was sich nicht ändern lässt.
Mag die Welt auch untergehen,
unser Bayern bleibt bestehen.
München trotzt den linken Schreiern –
aus Europa wird Großbayern!

2000

■■■■■■■■■■■■■■■■■■■■■■■■■■■■■■

Eine Weltmacht wird zu Grabe getragen

Leis das Glöckchen nur tönt – so verschwiegen.
Ach, wie weh die Erinnerung tut.
Großer Bruder ist jetzt armes Luder,
Ballaleika und Tschaika kaputt.

Leis das Glöckchen nur tönt – oh, Babuschka.
Nitschewo mehr Gagarin und Druschba.
Nix Aurora, nix rote Matruschka.
Einst Towarischtsch bolschoi – nu, dawai!

Kein Linker, kein Linker, kein Linken gibt es mehr.
Komma rüber, komma rüber, komma rüber, komma her.

Aaaaa –
Der Kreis ist jetzt quadratisch,
denn Russland ist demokratisch.
Taiga und Tundra nicht saniert,
doch ganz Sibirien schon privatisiert.

Steppe ringsumher –
da spielt Olga Golf.
Maffia-Millionär
ist ihr Steppenwolf.

Ebbe ringsumher –
Russlands Armenhaus.
Wird aus russisch Bär
arme Kirchenmaus.

Futsch, futsch, futsch –
die ganze rote Weltmacht
kuscht jetzt vor der Geldmacht.
Von Lenins Geist blieb nur
Jelzins Wodka pur.

Lenin auf den Mond geschossen.
Coca Cola für Genossen.
Alle Toten waren für die Katz.
Der Rote Platz –
ist jetzt ein Rotlichtviertel.

Futsch, futsch, futsch –
der Putin sitzt im Kreml
und frisst McDonald's Semmel.
Die Weltbank sagt: All right –
Russland ist befreit.

2003

Die grüne Eingreiftruppe

Mann: Kameraden, wie wir von der Bundeswehr alle wissen, gibt es in Deutschland nichts mehr zu verteidigen. Seit sich der Feind aus dem Staube gemacht hat, sind wir überall von erbitterten Freunden umgeben. Eine Armee ohne Feind aber, das ist wie ein Wasser ohne Fisch beziehungsweise umgekehrt. Nach jahrelangem Trocken-Schwimmen sehen wir nun aber endlich wieder Sand, äh, Land. Denn unser Verteidigungsminister lässt seine Armee nicht im Frieden, äh, im Regen stehen, sondern schickt uns jetzt überall dahin, wo es noch was zu schießen gibt. In Struckis Reich geht die Sonne nicht mehr unter, als Weltbürger in Uniform verteidigen wir heute Deutschlands Ehre, nicht Deutschlands Grenze. Noch wissen wir nicht, wann es uns auch endlich in den Irak verschlagen wird. Wir wissen nur, e r wird wieder ziehen, der deutsche Mann, und mit ihm s i e, die deutsche Frau. Offen ist die Frage, wann endlich auch es, das deutsche Kind, mitziehen darf.

Da der Krieg nun zum Spiel für die ganze Familie geworden ist, will auch Mutti mitbestimmen bei unserm schönen Ringen um Friede, Freude, Eierhandgranate. Wir kennen das ja aus dem Privatleben – wenn man der Frau erst den kleinen, grünen Finger gibt, bittet sie gleich um die ganze rote Hand. Ich habe die ganz und gar zweifellose Ehre, Ihnen heute die erste grüne Generalin vorstellen zu dürfen, Frau Brigadegeneral Grüntal-Krötenschutz! Bitte, Frau Kameradin, ich überlasse Ihnen die Schlachteplatte, äh, das Schlachtfeld.

Frau: Meine lieben Kameradinnen und Kameraden, Soldatinnen und Soldaten, Unteroffizierinnen und Unteroffiziere, Offizierinnen und Offiziere, ich darf Ihnen zuerst mal von ganzem Herzen zurufen: Stillgestandinnen und stillgestanden! Die Durchsetzung der weiblichen Endsilbe ist noch kein weiblicher Endsieg, aber eine wichtige Schrittin dahinin. Wir Frauinnen weiblichen Geschlechts, Bürgerinnen in Uniforminnen, sagen endlich Ja zum Krieg, werden aber das weitere Kriegsgeschehen zukünftig entscheidend mitbestimminnen.

Ich weiß ja, wie schwer es gerade den Männern männlichen Geschlechts fällt, eine Frau in einer Stellung über sich innerlich zu akzeptieren. Aber – und das sage ich aus ganzem Frauenherzen – der Kriegsgefallene von morgen wird es sich schon gefallen lassen müssen, unter einer Kiegsgefallinnen zum Unterliegen zu kommen. Als weibliche Generalin grünen Geschlechts beziehungsweise umgekehrt lege ich wert auf die Feststellung, dass wir Grüninnen keineswegs etwa schon vor dem nächsten Krieg wieder umgefallen sein werden. Wir werden auch im Trommelfeuer des nächsten Krieges unseren Traum vom Frieden nicht aufgeben. Wie gesagt, es gibt nur gefallene Mädchen und solche, die nicht gefallen haben. Wir grünen Mädchen aber wollen – wie unsere grünen Männchen – alles tun, um auch den schwarzen Wählerinnen und Wählern endlich zu gefallen. Gleichzeitig aber werden wir dafür sorgen, dass das Schlachtfeld der Zukunft ein grün-rot-weibliches Antlitz erhält. Dem ökologisch korrekten Kriegsschauplatz von morgen werden wir mit überdachten Krötenschutzwegen und Tempo-Dreißig-Zonen unsere grüne Handschrift aufdrücken. Auch Pazifistinnen und Pazifisten werden in unseren Reihen kämpfen dürfen. Wenn sie es wünschen, auch ohne Waffen, mit der reinen Kraft ihrer zwei Herzen, dem einen, das am Frieden und dem andern, das an der Macht hängt. Das heißt aber, unser Krieg muss endlich so geführt werden, dass er mehrheitsfähig ist, auch für Green-Peace-Anhängerinnen und -Anhänger. Deshalb werden wir dafür sorgen, dass solarbetriebene Mehrwegraketen eine weitgehend schadstoffarme Kriegsführung garantieren. Nichtraucherzonen in allen Schutzgräben werden die Menschenrechte unserer Nichtraucherinnen und Nichtraucher vor gesundheitlichen Schädigungen schützen. Neben unserer grundsätzlichen Forderung nach bleifreier Munition werden wir auch eine Senkung des Schadstoffgehalts im Pulverrauch durchsetzen, damit auf jeden Fall das Waldsterben im nächsten Krieg seine grünen Grenzen hat. Ja, es wird ein zutiefst humanitärer Krieg sein, in dem auch und gerade – lassen Sie mich das unbedingt noch hinzufügen – die Teilnahme geistig behinderter Mitbürgerinnen und Mitbürger an vorderster Front selbstverständlich sein wird. Kurz gesagt: Der nächste Krieg wird irre menschlich werden. In diesem Sinne kann ich Ihnen nur zurufen: Weggetretinnen!

2003

Biolek:	Guten Abend, meine Damen und Herren, und herzlich willkommen zum Abendschreck bei Biolek. Überraschungsgast ist heute ein Mann, den die Geheimdienste der Welt seit Jahren vergeblich jagen. Aber dem Bio entgeht so leicht keiner. Mein Gast kommt direkt aus den wilden Bergen Afghanistans zu uns ins warme Kölner Talkstudio. Begrüßen Sie mit mir Bin in Bio's Laden. Herr Laden, was hat Sie veranlasst, ausgerechnet meine Einladung anzunehmen?
Bin Laden:	Chalma achalla alla walla walla Biolakalla.
Biolek:	Bio hat noch keinem wehgetan, sagt er. Und das stimmt ja irgendwie. Von Ihnen kann man das ja nun leider nicht sagen. Sie sind – und ich scheue mich nicht, Ihnen das ins bärtige Gesicht zu sagen – der meist gefürchtete Topterrorist der Gegenwart.
Bin Laden:	Chalma achalla alla balla balla Kalaschnikowalla.
Biolek:	Ja, gewiss – das bestreitet ja keiner, dass Sie einst im Kampf gegen die Sowjets ein guter Freund der Amerikaner, also ein unbefleckter Freiheitskämpfer waren.
Bin Laden:	Chalma achalla alla balla balla amerikalla raketalla.
Biolek:	Ausgerüstet mit modernsten amerikanischen Raketen. Müssten Sie da nicht heute noch den Amerikanern zutiefst dankbar sein, statt sie so abgrundtief zu hassen?
Bin Laden:	Chalma achalla alla alla Ambassadoralla.

Biolek:	Selterswasser, selbstverständlich. Aus Rücksicht auf Ihre religiösen Gefühle trägt unser Studiokellner den Ganzkörperschleier.
Kellner:	Chalma achalla Schalla walla walla.
Bin Laden:	Chalma achalla walla walla Koralla egalla.
Biolek:	Interessant. Im Grunde ist Ihnen also der Schleier wie der ganze Koran ziemlich egalla.
Bin Laden:	Chalma achalla Koralla Walchalla Waffalla.
Biolek:	Verstehe. Religion ist für Sie nur eine Waffe gegen die Ungläubigen. Aber zurück zu Ihrem plötzlichen Sinneswandel. Sie gehörten doch einmal zusammen mit Männern wie Saddam Hussein, Augusto Pinochet, Somoza und anderen zu den treuesten Verbündeten der freien Welt.
Bin Laden:	Chalma achalla liberalla amicalla.
Biolek:	Also, darauf wäre ich gar nicht gekommen, dass wir uns schon einmal die falschen Freunde gekauft haben könnten.
Bin Laden:	Chalma achalla balla balla amerikalla moralla.
Biolek:	Meine Damen und Herren, das übersetze ich Ihnen jetzt nicht. Wir können heute nur gemeinsam mit den USA beten: Gott schütze Amerika heute vor seinen Freunden von gestern und morgen vor seinen Feinden von heute. Das war's , meine Damen und Herren. Wir sehen uns wieder – wenn Sie mögen – schon nächste Woche. Thema: Terror im deutschen Wohnzimmer. Meine Gäste werden sein: Verona Feldbusch, Dieter Bohlen ...

2002

Am Erdöl hängt, zum Erdöl drängt heut alles.
In Mekka, in Rom, in Kalkutta und Dallas.
Drum beten heut Männlein und Weiblein:
Lieber Gott, komm zu uns durch die Pipeline.
Der Bohrturm ist Kirche, Synagoge, Moschee,
und Gottes Auge heißt CIA.

Allah Öl Allah –
so klingt es in Mekka und in Ramallah.
Allah Öl Allah –
so betet Abdallah,
so betet Abdullah,
der Ölscheich und Mullah,
die Achmeds und Machmeds,
die Schuftis und Mufftis,
Hussein und Saladin.
Doch wenn die frommen Muezzin
von Mekka an den Suez ziehn,
ruft Israel Scharon:
Macht euch bloß davon!
Nu – nebbich –
was braucht ihr Öl?
Fliegt ihr doch weiter Teppich!

Ob Juden, Moslems, Hindus oder Christen,
zu Erdöl und Erdgas beten auch Atheisten.
Ob Thora, Koran oder Bibel –
die Religionen sind kompatibel.
Wo immer das Öl zu verteidigen war,
stand auch ein Priester und ein Altar.

Unser täglich Öl gib uns heute
und erlöse uns von den üblen
Saddams und Gaddafis.
Amerikas Wille geschehe
wie in Texas, also auch in Mekka,
Kabul und Mogadischu.

Früher war der Kommunist
unser aller Antichrist.
Heute ist's der Islamist.
Hört Amerikas Gebet:
Das Öl ist Gott und die CIA sein Prophet.

Was singt der kleine Teletubbi Taliban
im abergläubischen Afghanistan?
Uns und unsere Waffen
hat nicht Allah, sondern der Ami erschaffen!
Wir sind von Kopf bis Zeh
die Kinder der CIA.
Befreit sind jetzt hier auch die Weiblein,
der Weg zu Gott führt durch die Pipeline.
Zum Dank baut uns die CIA
in Kabul eine christliche Moschee.

2003

Verstehen Sie, was die Leute gegen Bush haben?

Die Menschheit ohne Krieg – eine grauenhafte Vorstellung. Denken Sie nur an die Erleichterung, die die Erde verspüren würde, wenn sie in einem Zwei-drei-Tage-Krieg auf einen Schlag von Millionen Menschen befreit würde. Beim Stand der Waffentechnik ist das kein Problem. Und für den Umweltschutz bringt das mehr als jedes Kyoto-Abkommen. Woher kommt denn die Umweltzerstörung? Von der Überbevölkerung. Und wann vermehren sich die Menschen so unkontrolliert? Wenn sie zu lange im Frieden leben.

Stellen Sie sich vor, die Entwicklung verläuft in China weiter so friedlich wie bisher.

Eines Tages wollen 1,3 Milliarden Chinesen Auto fahren wie wir … Das hält die Erde nicht aus. Da müssen wir rechtzeitig eingreifen. Mit einem vorbeugenden Erstschlag. Schon aus moralischen Gründen. Denn in welchem Elend leben die Menschen dort? Wenn es solchen Schurkenstaaten wie Indien oder China nicht gelingt, ihrer Bevölkerungsexplosion Einhalt zu gebieten, dann müssen wir leider Peking und Kalkutta kurz bombardieren, um dort menschenwürdige Zustände herzustellen.

Die Überlebenden werden uns dankbar sein, wenn wir ihnen dann nach dem Krieg Demokratie und Wohlstand in ihre blühenden Landschaften bringen. Unsere amerikanischen Freunde hätten doch jetzt mit den Irakern nicht diesen Ärger, wenn sie statt nur ans Öl zu denken, im Krieg erst mal die überfüllten Slums dort ausgeräuchert hätten.

Bomben für die Dritte Welt – das ist gezielte Entwicklungshilfe.

2003

Reisen bildet

Reisen bildet, also spart
nicht am Fahrgeld, sondern fahrt –
wer das Geld hat, kann auch jetten –
zu den tausend Bildungsstätten
unserer Zivilisation –
Hiroshima mit Vollpension.
Stalins Lager in Sibirien,
ein Folteraufenthalt in Syrien,
auch Auschwitz, Dachau, Buchenwald
lohnen einen Aufenthalt.
Denn was sieht und lernt man hier?
Der Mensch steht haushoch überm Tier!

Kommt und seht, was noch steht,
ob die Welt sich noch dreht.
Wahre Humanität
ist immer konkret.

Srebrenica, Ramallah,
Mogadischu, Golgatha,
World-Trade-Center in Manhatten –
überall sind heilige Stätten
unserer Zivilisation.
Und überall gibt's Vollpension!
Wozu in die Ferne schweifen?
Erfurt liegt doch nah zum Greifen.
Tschetschenien liegt im Kaukasus,
das ist auch nicht weit vom Schuss.
Hier hört man am Morgen schon
als Weckruf eine Explosion.

Kommt und seht, was noch steht,
ob die Welt sich noch dreht.
Wahre Humanität
ist immer konkret.

Auf den Spuren von Mister Bush
wandern wir zum Hindukusch.
Picknick unter Splitterbomben
in Bin Ladens Katakomben.
Freiheit oder Tyrannei –
Rumsfeld schießt die Wege frei.
Bagdad hat er halb zerschossen,
touristisch aber ganz erschlossen.
Gebt dem Bush noch etwas Zeit,
dann ist die ganze Welt befreit.
Wo sich Kim und Ali wehren,
muss Bombenkrieg sie halt bekehren.

Kommt und seht, was noch steht,
ob die Welt sich noch dreht.
Wahre Humanität
kommt nie zu spät.

2003

Endlich angekommen –
Die neue deutsche Normalität

Hat der alte Ludwig Erhard
sich doch nun zu uns begeben.
Denn es wollt, wer's einst so schwer hat,
auch in seinem Wohlstand leben.
Seine Worte und Werke
kenn' wir und den Brauch –
mit der D-Mark Stärke
tun wir Wunder auch.

Walle, walle, Markt erwecke,
dass zum Zwecke Wohlstand fließe
und in reichem, vollem Schwalle
in den Osten sich ergieße.

Und nun komm, du Wirtschaftswunder,
unsere Sehnsüchte zu stillen.
Markt regier! Mach uns gesunder.
Sei uns endlich auch zu Willen.
Auf zwei Beinen stehe.
Oben ist der Kopf.
Wenn ich daran drehe,
füllt sich unser Topf.

Walle, walle auf der Strecke
bleiben Säcke über vierzig.

Aus dem reichen Wohlstandsschwalle
wird ein Rinnsal und verirrt sich.

Seht, da gehen die Werke pleite,
und die Arbeit ist verloren.
Arbeitslos ist jeder zweite.
Nur der Chef bleibt ungeschoren.
Ludwig, den wir riefen,
Erhard, mach dich weg!
Führst uns in die Tiefen,
in den tiefen Dreck.

Stehe, stehe! Denn wir haben
deiner Gaben voll gemessen.
Ach, wir merken's – wehe, wehe! –
werden jetzt vom Markt gefressen.

Kann den Markt denn keiner halten?
Solln wir alle drin ersaufen?
Hätten wir doch noch die alten
Herrn in unserm Trümmerhaufen!
Waigel, du verfluchter,
hau doch wieder ab!
Erhard, du verruchter,
ab mit dir ins Grab!

Wollt am Ende
uns nicht lassen?
Wolln euch fassen,
wolln euch halten
und das Vaterland behände
wieder in zwei Teile spalten.

Da, die Marktwirtschaft kommt wieder.
Wie ich mich jetzt auf sie werfe!
Gleich, oh Erhard, liegst du nieder!
Krachend trifft die glatte Schärfe.
Wahrlich, brav getroffen!
Markt, du bist entzwei.
Und wir können wieder hoffen.
Und wir atmen frei.

Wehe, wehe! Beide Teile
ziehen in Eile nun als Feinde
in die deutsche Wirtschaftsehe.
Und es zittert die Gemeinde.

Kohl und Waigel, Lambsdorff, Rühe –
alle rufen: Optimismus!
Gebt euch doch ein bisschen Mühe!
Oder wollt ihr Sozialismus?
Ach, wo bleibt der Meister?
Herr, die Not ist groß.
Kohl und seine Geister
wird man nicht mehr los.
Untergehen tun
die Schwachen.
Und wir lachen
über solche.
In der Marktwirtschaft bestehen
wieder nur die großen Strolche.

1991

Wir sind das Letzte

Wir sind das Letzte, das Allerletzte,
wir sind das letzte Aufgebot.
Wir leben heute und wissen, morgen
sind wir vereint, vereint und tot.
Der Weg vom Affen zum Menschen hat sich
als Irrweg herausgestellt.
Der Sieg der Ersten ist auch der Letzte
der ganzen Welt.
Doch jetzt nicht weinen,
das geht vorüber.
Und Gott, dem einen,
sind wir längst über.

Das kann doch einen Staatsmann nicht erschüttern –
keine Angst vor Atom und Chemie.
Und um sein Leben muss kein Toter zittern.
Reine Angst ist doch nur Blasphemie.
Und wenn die ganze Erde brennt,
und der Feind mit uns im Kreise rennt –
das kann doch einen Staatsmann nicht erschüttern.
Seine Angst gilt der Demokratie.
Im nächsten Krieg überleben die Guten
die Bösen ganz sicher – um dreißig Minuten.

1991

Last but not geleast –
König Auto hat das letzte Wort

Was ich an meinem Wagen schätze,
das ist: er sichert Arbeitsplätze.
Ob wir es kaufen oder leasen,
das Auto schützt vor Wirtschaftskrisen.
Es macht den Menschen stark und frei
und lenkt ihn ab vom Eheeinerlei.
Wenn man dem Mann sein Auto gibt,
dann hat er etwas, was er liebt.
Doch hat er keinen Wagen,
ist er nicht zu ertragen.

Es macht den Mann von allem Frust rein.
PS ist ein Maß für Selbstbewusstsein.
Das Gaspedal muss dafür büßen,
was sie zu Haus erdulden müssen.
Die angeschlagene Potenz
heilen Audi, Porsche und der Benz.
Doch wenn der Wagen mal nicht zieht,
durchzuckt der Schreck ihn bis ins Glied.
Das kann kein Mann ertragen,
verlässt ihn mal sein Wagen.

Das Auto dient der Umweltpflege,
denn auch der Kat hat jetzt drei Wege.
Und seit wir alle bleifrei tanken,
kann sich der Wald nur noch bedanken.
Der letzte Schädling ist erkannt –
nur böse Menschen fahren noch Trabant.
Die Unschuld trägt das Manta-Kleid,
das tut der Umwelt nichts zuleid.

Da sitzt – das kann man sagen –
Intelligenz im Wagen.

Wenn Sie im Jaguar nach Haus fahrn,
dann sollten Sie ihn richtig ausfahrn.
Das Auto ist ziviler Panzer
für jeden deutschen Friedenslandser.
Genießen Sie die freie Fahrt
bis zur Vernichtung unserer Art.
Die Straße frei zum Bürgerkrieg –
mit hundertachtzig in den Sieg!
Wen muss man nur noch schlagen?
Den Feind im andern Wagen!

1991

Der letzte Tango

Was brauchen Männer heut und Frauen?
Sie brauchen nur noch Gottvertrauen.
Lasst uns die Augen endlich schließen
und unseren Untergang genießen,
den uns die Politik gebracht.
Wir dienen jetzt dem Geld und seiner Macht.
Wir lernen unsere Lektion:
Konsum heißt jetzt die Religion.
Der Schornstein kann nur rauchen,
wenn wir genug verbrauchen.

Wir lieben Bush und seine Riege.
Sie führten uns zu ihrem Siege.

Die Dritte Welt ist, wo sie schießen,
die erste, wo wir Krieg genießen.
Hier regelt man die Welt per Scheck.
Dort unten frisst man unseren Dreck.
Die Welt geht unter, das steht fest,
wenn man uns nur gewähren lässt.
Nun fassen Sie sich unter.
So'n Untergang macht munter.

Wozu noch auf der Erde leben?
Hier wird es bald kein Wasser geben.
Bis aufs Gerippe abgemagert,
wird dann der Mensch hier endgelagert,
auf diesem wunderbaren Stern.
Das End ist nah. Wir sehen es nur fern.
Bald kriegen wir keine Luft
in der modernen Wohlstandsgruft.
Doch wir ersticken heiter
noch höher, schneller, weiter ...

1991

Gelernt ist gelernt

Wie uns die Geschichte lehrt,
war, was gestern war, verkehrt.
Drum suchen wir jetzt unser Heil
geschlossen im Gegenteil.
Wir wandelten uns ganz sublim
vom Kollektiv zum Team.

Von der ganzen Diktatur
blieb bei uns nicht eine Spur.
Ein jeder Mann in diesem Staat
ist jetzt deutscher Demokrat.
Und keine Spur mehr vom Regime.
Genossen, wir sind jetzt ein Team.

Es bedarf nur eines Winks
und schon sind wir nicht mehr links.
Die Freiheit ruft. Wir stehen stramm
als befreiter deutscher Stamm.
Und keiner liegt bei uns mehr schief.
Ein Team ist auch ein Kollektiv.

1992

Die Angst geht herum

Dreht euch nicht um,
die Angst geht um.
Die Angst vor den Brüdern,
die Angst vor den Schwestern,
die Angst vor dem Morgen,
die Angst vor dem Gestern,
die Angst vor der Stasi-Akte hält mich in Trab
und die Angst, dass ich gar keine hab.

Dreht euch nicht um,
die Angst geht um.
Die Angst vorm Alleinsein,
die Angst vor der Ehe,

die Angst vor der Ferne,
die Angst vor der Nähe,
die Angst vor der Arbeit hält mich in Trab
und die Angst, dass ich keine mehr hab.

Dreht euch nicht um,
die Angst geht um.
Die Angst vor den Steuern,
der Steuererklärung,
die Angst um die Härte
vor unserer Währung,
die vorm Ecu statt D-Mark hält mich in Trab
und die Angst, dass ich den dann nicht hab.

Dreht euch nicht um,
die Angst geht um.
Die Angst vor den Negern
und Mohammedanern,
die Angst vor Aids
und Republikanern,
die Angst vor den Feinden hält mich in Trab
und die Angst, dass ich keine Feinde mehr hab.

Dreht euch nicht um,
die Angst geht um.
Die Angst vorm Ozonloch
und vor saurem Regen,
die Angst vor dem Fortschritt
mit all seinem Segen,
die Angst vor zerstörter Umwelt hält mich auf Trab
und die Angst, dass ich keine Angst mehr hab.

1992

Die Stützen der Gesellschaft

Mit uns ist jeder Staat zu machen,
denn wir gehören stets dazu.
Zur Freiheit wie zu Diktaturen
sind wir, sind wir das Passepartout.
Wir leben und wir lassen leben –
gleich wie, gleich wo, gleich unter wem.
Uns gab's, uns gibt's, uns muss es geben
in jeglichem System.

Auf uns beruht die Macht der Macher –
wir machen schließlich alles mit.
Auf uns baut auch der Widersacher,
wenn er ans Ruder tritt.
Wir warten nicht erst auf Befehle.
Gehorsam ist uns angeboren.
Wir laufen mit, mit Leib und Seele,
und bleiben ungeschoren.

Wir sind ja keine Ideologen.
Wir führen nicht, wir folgen nur.
Wenn's schief geht, hat man uns betrogen,
dann wechseln wir die Spur.
Opportunisten, schließt die Reihen
und lauft mit ruhig festem Schritt.
Wir sind die stärkste der Parteien –
wir siegen immer mit!

1992

Es gibt eine altwestdeutsche Volksweisheit: Wer aus dem Sau-stall einer Diktatur kommt, der sollte nicht noch in der guten Stube der Demokratie auf den Teppich meckern. Wer früher in der Bundesrepublik gemeckert hat, dem wurde gesagt: Geh doch nach drüben. Jetzt, wo es kein Drüben mehr gibt, sondern nur noch ein Jenseits, fragen uns die von drüben, wenn wir me-ckern, nur noch: Du willst wohl deine alte DDR wiederhaben? Und wenn die Frage kommt – und sie kommt nicht immer, aber immer öfter – dann kommt uns alles hoch, was uns so verbin-det: Dann kotzen wir uns nur noch an. Da sind die vierzig Jahre Weihnachtspäckchen vergessen und der gebrauchte Westwa-gen vor der ostdeutschen Haustür zählt gar nicht mehr. Dann gilt nur noch, was Tante Erna in Dresden schon zu Zeiten der Weimarer Republik von der ganzen Pforzheimer Sippe gesagt hatte: Die warten doch nur darauf, dass Onkel Albert stirbt, um hier alles wegschleppen zu können.

Ja, die deutsche Einheit hat das deutsche Familienleben sozusagen auf den Vorkriegsstand zurückgeworfen. Das un-ter Stacheldraht und Mauer begrabene Kriegsbeil wird wieder ausgegraben und dann ist alles wieder wie in Friedenszeiten, als sich die Familie auch nur noch vor Gericht gesehen hat. Aber nicht nur an angeborenen Familienbanden, nein, auch an selbstverschuldeten Freundschaftsbanden knüpfen wir uns gegenseitig auf. Jetzt treten die alten Wahrheiten endlich wie-der zutage: Die einen sind sowieso bloß hinter dem Geld her, während die anderen schon immer zu faul zum Arbeiten wa-ren. Das sind nämlich die ewigen deutschen Wahrheiten, die das SED-Regime nur so lange unterdrückt hatte. Hätten die uns früher zusammenkommen lassen, es wäre doch nie zu dieser Einheit gekommen, in der die Ossis nur alles behalten und die Wessis nichts hergeben wollen. Geben lassen ist seliger denn nehmen lassen. Die christliche Nächstenliebe ist kein leerer Wahn: Auge um Auge, Zahn um Zahn.

Nein, nein, der deutsche Familienfrieden war nur ein durch Mauer und Stacheldraht erzwungener Waffenstillstand. Der kalte Krieg hat die Familien getrennt, der heiße Frieden lässt sie wieder aufeinander los.

Der eine Familienteil hat in vierzig Jahren Freiheit hart arbeiten müssen, während der andere Teil unter der Diktatur nur faul herumgelungert hat. Die einen haben gelitten, während die anderen immer nur genossen haben. Die einen waren Genossen, die anderen haben genossen. Auf jeden Fall wird wieder scharf geschossen zwischen Genießern und Genossen. Und wer vierzig Jahre lang in der DDR in einer Liebknecht-, Luxemburg- oder Lenin-Straße gewohnt hat, der war doch irgendwie Genosse, ob er nun in der Partei war oder nicht.

Sage mir, wo du wohnst, und ich sage dir, was du bist ...

Aber wer nun die DDR wiederhaben will ... Ich versichere Ihnen: wir nicht. Wir hatten sie ja lange genug. Aber die armen Bundesbürger, die uns jetzt plötzlich alle am Hals haben, die wären uns wohl ganz gern wieder los. Wie gern würden die uns wieder ihre Westpakete schicken, statt uns nun als Steuerpaket ewig mit sich herumzuschleppen!

Also, auf die theoretische Frage, wer die DDR wiederhaben will, gibt es nur eine praktische Antwort: die Altbundesbürger. Also gebt ihnen endlich unsere DDR zurück, und keinem wird es mehr schlechter gehen!

1992

■■■■■■■■■■■■■■■■■■■■■■■■■■■■■■■■■■■■■

Eine mit Erfahrung singt

Erfahrung macht die Hoffnung leiser.
Erfahrung lehrt: Wir lernen nicht.
Wir werden älter. Wer wird weiser?
Wer von uns hält, was er verspricht?
Ich seh dich, helle Morgenliebe
schon Asche sein im Abendlicht.
Ich hör uns schwören, was wir glauben wollen
und weiß, die Schwüre halten nicht.

Ich kenn noch nicht mal deinen Namen,
ich weiß nicht, wo und wer du bist.
Ich kenn das Bild nicht. Doch der Rahmen,
wird der sein, der es immer ist.
Ich spür die Fesseln, die uns halten,
bevor der Höhenflug beginnt.
Ich spür die Zärtlichkeiten, die uns trösten
bis wir erkennen, wer wir sind.

Zwei Wege, die zusammenführen
und sich nur kreuzen im Moment.
Im Kommen seh ich dich schon gehen,
weil man sich liebt und dann erst kennt.
Wo ist die Liebe ohne Ängste,
das zu verlieren, was man nie hat?
Man sucht zu halten, fühlt sich selbst gefesselt,
und einer setzt den anderen matt.

Erfahrung macht die Hoffnung leiser.
Erfahrung lehrt, wir lernen nicht.
Die Liebesschwüre klingen heiser,
auch wenn man glaubt, was man verspricht.

Ich seh dich, unbekannte Liebe,
in der Erfahrung trübem Licht.
Ich habe Angst vor dem Bekannten
und hoffe trotzdem: Diesmal nicht …

1993

Ich werd mich ja doch nicht los

Können Sie sich eigentlich immer leiden? Ich meine, gut leiden? Ich habe heute Morgen mal in den Spiegel gesehen. Das mache ich immer, wenn es mir am Vorabend zu gut ging. Zum Glück war ich allein im Bad. So hat keiner gemerkt, dass ich mich nicht erkannt habe. Ich hab mich schon gefreut, dass andere Leute morgens auch nicht besser aussehen und an der Schadenfreude hab ich mich dann erkannt. Sie glauben gar nicht, was Schadenfreude für Falten macht.

So ein Spiegel ist morgens die reinste Selbstschreckanlage. Jeder Blick ein Schlag ins Genick. Der Welt den Spiegel vorhalten kann jeder, aber selber in den Spiegel gucken … und deshalb mag ich morgens keinem ins Gesicht sehen. Selbst sowas Gesichtsloses wie Angela Merkel mit ihrem mecklenburgischen Landhasencharme wäre mir morgens zu viel. Nichtssagend sein, heißt ja nicht stumm sein. Nein, in Bonn ist auch die taubste Nuss nicht stumm – Frau Schwaetzer. Stellen Sie sich mal vor, Sie teilen das Frühstücksei mit so einer rheinischen Frohnatur wie Norbert Blühm, unserem Bundesoptimisten. Und der verspricht Ihnen schon am frühen Morgen seine Pflegeversicherung und die sichere Rente. Nein, lieber Salmonellen im Ei als Blühm am Tisch. Salmonellen lügen nicht.

Aber nun stellen Sie sich mal vor, Sie müssten immer nur mit sich selbst auskommen. Nicht nur morgens vorm Spiegel, sondern auch abends vor der Tagesschau. Und es wäre keiner da, auf den Sie alles schieben können – kein Mann, kein Kind, kein Nachbar, keine Bundesregierung … die allerdings wäre wohl am leichtesten zu entbehren. Obwohl man sich als Kabarettist natürlich fragt: Gibt es ein Kabarettleben nach Helmut Kohl? Und was wird aus seiner Frau, wenn sich dieser Mann, der sich jetzt gnädig aufs ganze Bundesvolk verteilt, allein auf Hannelore legt. Haben Sie Mitleid mit Hannelore Kohl – wählen Sie ihr den Kanzler aus dem Haus! So ein Kabinettstisch ist groß – im Oggersheimer Badezimmer kommt keiner am Kanzler vorbei.

Ich hatte heute Morgen im Bad überhaupt noch kein Gesicht, jedenfalls kein eigenes. Es war so eine Art SPD-Gesicht – hier eine Falte des Bedenkens, da eine Falte des zu allem entschlossenen Zögerns – dieser Ausdruck von nicht mehr SPD-Fisch und noch nicht CDU-Fleisch. So ein Nicht-Gesicht für die kleine Wahlzeit zwischendurch. Eben ein Gesicht, das viel mitgemacht hat und vor lauter Mitmachen jeden eigenen Ausdruck verloren hat. Ich hab's dann heute früh gemacht wie die SPD – ich hab mich zwar nicht mehr wiedererkannt, aber geschminkt wie immer. Das geht. Fragen Sie Hans-Ulrich Klose, der denkt auch, eine Pfeife macht schon ein Gesicht. Wehner hat damals auch Pfeife geraucht, aber er hat sich nicht mit ihr identifiziert. Aber was geht mich die SPD an, bin ich Witwe? Ich bin Kabarettistin, habe also ein Programm. Hinter mir steht keine Partei, neben mir sitzt Franz-Josef. Kein echter Franz-Josef – er heißt nur so: Franz-Josef Grümmer. Und wir sagen Ihnen von vornherein, was Politiker verschweigen: Glaubt uns kein Wort.

Wir tun nur so, als ob. Also, alles wie im Leben.

1993

Ich bin die fesche Lola,
das Salz in der Bouillon.
Und lüfte ich die Stola,
bin ich ein Lustballon.
Ich würze jede Suppe
mit meinem Sexappeal.
Ich bin vom Mann die Puppe,
das Lust- und Frustventil.

Ich bin die Uhse-Muse,
das Herrentags-Idol,
die Tingel-Tangel-Duse,
der Sexualpirol.
Ich häng auf der Latrine,
am Kiosk, im Bordell.
Ich bin als Fleischpraline
ein Sex-and-hop-Model.

Ich bin von Kopf bis Fuß
auf Triebe abgestellt.
Denn das ist Frauenwelt
und sonst gar nichts.
Das ist – was soll man machen –
Männerkultur.
Sie wollen den Hintern nur
und Kopf gar nicht.
Ich halt für die Männer
die Lende ins Licht,
denn das ist für Kenner
der Frauen Angesicht.
Der Kopf wird retouchiert,

ich bin die Fleischration,
ein Sexualhormon
und sonst gar nichts

Ich bin als nackter Fetisch,
ein Vorwurf für die Frauen,
die nicht so jung-ästhetisch
aus ihrer Wäsche schauen.
An mir ist keine Falte,
kein Krähenfuß, kein Speck.
Vergleich mal deine Alte –
dann kriegst du einen Schreck.

Die Frau als Frischfleischperle,
als süßes Pausenbrot,
als Turngerät für Kerle
ist knackig oder tot.
Was soll, wenn wir verderben,
noch Frauenförderung?
Denn für die Männer sterben
wir Fraun doch alle jung.

1993

Politik unterm Strich

Ich bin genau das, wofür man mich hält.
Mich kann man kaufen, ich mach es für Geld.
Ich halte hin, ganz ohne Erregung –
das ist meine ganze Frauenbewegung.
Ich berechne zum Kaufpreis.

Ich tu keinen Seufzer zu viel,
denn Liebe ist Geld und kein Spiel.

Mich gibt's zum Fleischpreis als Lende mit Brust.
Ausgekocht bin ich, der Job macht robust.
Die Liebesgymnastik ist zwar abscheulich,
denn auch meine Freier sind selten erfreulich.
Aber nach dem Vereinigen,
kann sich die Frau vom Mann wieder reinigen.
Was geht mich der Mann an, die Sau?
Der kauft nur das Fleisch, nicht die Frau.

Was geben andere für Geld von sich preis?
Prostitution ist dagegen ein Scheiß.
Ich zeig den Arsch. Der wird's überleben.
Ich brauch doch nicht meine Seele zu geben.
Ich verkaufe mich ehrlich –
am Tage mehrmals, doch nicht vier-jährlich.
Verlangt's euch nach größren Schweinereien,
dann wählt nicht mich – wählt die Parteien.

1993

Rette uns, wer kann

A: Wie jedes Jahr, so stellt sich auch in diesem Jahr als letztes die Frage: Sind wir noch zu retten?

B: Und wenn ja, wozu?

C: Unsere Antwort lautet auch in diesem Jahr: Selbstverständlich sind wir noch zu retten.

A: Aber wozu?

B: Der Jugend gehört die Zukunft, aber und gehört die Gegenwart.

C: Und so wie wir mit der Gegenwart umgehen, brauchen wir die Jugend auch nicht zu beneiden um ihre Zukunft.

A: No future, damit muss man sich einfach abfinden.

B: Nicht abfinden darf man sich mit der Vergangenheit.

C: Du meinst, mit der Ostvergangenheit.

A: In Deutschland ist jetzt alle Vergangenheit Ostvergangenheit. In Deutschland ist jetzt alle Vergangenheit Ostvergangenheit.

B: Früher konnte man sich im Westen an nichts mehr erinnern, heute muss man nicht mehr.

C: Im Osten sagen wir: Nobody is perfect.

A: Im Westen heißt das: Nobody has perfect.

B: Allenfalls Plusquamperfekt – auf den Kaiser beginnt sich ganz Deutschland wieder zu besinnen.

C: Das war die gute alte Zeit.

A: Unter Honecker, das war die böse alte Zeit.

B: Und unter Hitler?

C: Das war die Zeit, da wir nichts voneinander wussten.

A: 1945 saßen alle Deutschen in einem U-Boot und tauchten erst mal unter.

B: 1989 saßen die einen in der Patsche, die andern auf hohem Ross.

C: Und seitdem ist nicht mehr sicher, ob der Straftatbestand, einmal einer falschen Überzeugung angehangen zu haben, irgendwann einmal verjähren wird.

A: Der Sauberkeitsgrad unserer Vergangenheit wird ab sofort in Bohley gemessen.

B: Ein Bohley gleich sauber auf die Welt gekommen, zwei Bohley sauber geblieben.

C: Auch bei der Stasi nicht in die Hose gemacht.

A: Erst bei Kohl einen sauberen Hosenplatz gefunden.

B: Tja, das sind eben Kohls Mädchenfreundschaften – von Angela Merkel über Claudia Nolte bis zu Bärbel Bohley.

C: Da war doch noch eine ...

A: Ach ja, Frau Bergmann-Pohl – die sollten wir nie vergessen.

B: An ihr hätten wir von Anfang an den Frauengeschmack unseres Kanzlers erkennen können.

C: Mit den Ostmännern hatte er nicht so viel Glück.

A: Deshalb hat er sie uns ja auch alle schnell wieder heimgezahlt – von de Maizière bis Krause.

B: Nur Eppelmann ist ihm geblieben.

C: Weil Eppelmann nichts von dem geblieben ist, was er mal war.

A: Da soll nochmal einer sagen, aus Bürgerrechtlern würde nie was Rechtes!

B: Das ist eben so – auch wenn das Gute siegt, müssen nicht immer die Besten gewinnen.

C: Könnt ihr euch noch an die gute Frau Breul erinnern?

A: Natürlich. Sie wollte nur unser Bestes.

B: Und auf dem, was sie nicht wollte, hat sie uns sitzen lassen.

C: Immerhin hat sie alles DDR-Unrecht bei den Besitzverhältnissen wieder gutgemacht.

A: Ja, zu DDR-Zeiten musste der Besitz im Osten bleiben, wenn die Leute in den Westen wollten.

B: Und jetzt ist der Besitz in den Westen gekommen und die Leute bleiben im Osten.

C: Die Auflösung der Treuhand war dann nur noch ein Akt der Spurenbeseitigung.

A: Eine kriminelle Vereinigung hinterlässt nun mal keinen Rechtsnachfolger.

B: Und Grass sollte drüber wachsen, nicht drüber schreiben.

C: Der hat doch von Wirtschaft gar keine Ahnung.

A: Außer der Wirtschaft hat in Deutschland niemand Ahnung von der Wirtschaft.

B: Sagt die Wirtschaft.

C: Und wenn ihr hier einer in ihre Wirtschaft hineinredet, dann wechselt sie den Standort.

A: Die Wirtschaft ist eben wie das Kapital – scheu wie ein Reh und immer auf der Flucht.

B: Nur fliehen sie eben in verschiedene Richtungen.

C: Das Kapital in den Westen, also nach Luxemburg zum Beispiel.

A: Die Wirtschaft in den Osten, in die Billiglohnländer, nach Rumänien zum Beispiel.

B: Und wer bleibt in Deutschland?

C: Die Familie Graf zum Beispiel.

A: Und was machen die hier noch?

B: Das Einzige, was sich in Deutschland noch lohnt – Steuern hinterziehen.

1995

■■■■■■■■■■■■■■■■■■■■■■■■■■■■■■■■■■■

Deutschland einig Steuerparadies

Kaiser Wilhelm finanzierte einst die deutsche Seekriegsflotte mit der Sektsteuer. Die Seekriegsflotte ging unter, die Sektsteuer zahlen wir heute noch. Rot/Grün finanziert die Renten mit der Ökosteuer und wir können schon heute sicher sein, die Ökosteuer wird nicht nur die Rentner, sie wird auch unsere Umwelt überleben. Nach solchen Steuern schreit das Land.

Worin besteht das deutsche Steuergeheimnis? Jeder weiß, dass er sie zahlt, aber keiner ahnt, für was er sie zahlt.

Mit kreativen Steuerkrücken
deckt man Finanzierungslücken.
Woher man's immer holet –
pecunia non olet.
Die öffentliche Hand
hat das zuerst erkannt.
Die Hand steckt ungewaschen
in unser aller Taschen.

Will Scharping seinen Bund sanieren,
darf sich Eichel nicht genieren,
die Euros, die ihm fehlen,
sich per Gesetz zu stehlen.
Die öffentliche Hand
zieht raubend durch das Land.
Geht Eichel die Marie aus,
hilft er mit Fantasie aus.

Um Opernhäuser zu finanzieren,
zahlen Obdachlose Straßennutzgebühren.
Um die Autobahn zu erneuern,
zahlen die Fußgänger Gehwegsteuern.
Rentner zahlen eine Schwemmensteuer,
Feiglinge eine Memmensteuer,
Alleinerziehende Vermehrungssteuern,
Dünne zahlen Unterernährungssteuern.
Um die Berliner Bank zu sanieren
zahlen die Kleinsparer Kleinspar-Gebühren.
Um den Strafvollzug nicht zu verteuern,
zahlen die Manager Verjährungssteuern.

Arme zahlen Armensteuer,
Schwule zahlen Warmensteuer,
Frauen zahlen fürs Schminken Steuern,
Bettler zahlen Klinkensteuern.
Und wenn die Lohnsteuern weiter gedeihen,
kann man Siemens und BMW ganz von Steuern befreien.

Im deutschen Steuerparadiese
heißt der Adam nicht mehr Riese.
Der Bürger ist Zitrone
in der Hand von Al Capone.
Die öffentliche Hand
ist außer Rand und Band.
Sie schafft dein Geld beiseite –
sonst wär sie längst schon Pleite.

2003

Du und dein Rechtsweg

Moderator: Meine lieben Rechtsgläubigen draußen auf dem flachen Lande, ich begrüße Sie zu unserer heutigen Ratgeber-Sendung »Du und dein Rechtsweg«. Wie immer wird Frau Professor Limburger versuchen, etwas Licht in das Dunkel Ihres ganz persönlichen Rechtsweges zu bringen. Die erste Frage ist ja mehr allgemeiner Natur, wird aber immer wieder gern gestellt.

Expertin: Nun, ich darf Ihnen verraten, gern gestellte Fragen beantworte ich am liebsten.

Moderator:	Das trifft sich also wieder mal gut. Die gern gestellte Frage lautet diesmal: Warum ist das Juristen-Deutsch für den Laien so schwer verständlich?
Expertin:	Nun, da muss ich zunächst darauf hinweisen, dass die kurze Frage bereits zwei sachliche Fehler enthält. Erstens ist die Bezeichnung Juristen-Deutsch unzutreffend. Juristen sprechen nicht deutsch, sondern juristisch. Und dieses Juristische ist für den Laien nicht schwer-, sondern unverständlich. Das ist natürlich kein Zufall, sondern ein bewusst herbeigeführter Schutz der Jurisprudenz vor den Übergriffen des gesunden Menschenverstandes. Indem wir sie sprachlich verschlüsseln, machen wir aus den meist einfachen Sachverhalten des täglichen Lebens hochkomplizierte juristische Tatbestände, die dem Laien ganz und gar unverständlich, also unlösbar erscheinen müssen. So sind allein wir Juristen in die Lage versetzt, auch den einfachsten Streitfall auf einen langen, kostenintensiven Rechtsweg zu bringen. Man nennt das auch eine einfache ABM.
Moderator:	Eine Arbeitsbeschaffungsmaßnahme?
Expertin:	Wo denken Sie hin? Ich sagte ja, juristisch ist nicht deutsch. ABM ist eine Anwaltliche Bereicherungsmaßnahme.
Moderator:	Jetzt verstehe ich.
Expertin:	Das war eigentlich nicht vorgesehen. Denn schauen Sie, wenn wir Juristen erst allgemein verständlich werden, werden viele von uns auch arbeitslos.

Moderator:	Aber kann sich ein Rechtsstaat denn leisten, dass gerade das, was ihn auszeichnet – das Recht nämlich – für die meisten seiner Bürger unverständlich bleibt?
Expertin:	Das kann er nicht nur, das muss er sogar. Denn ein Rechtsstaat ist auf Vertrauen aufgebaut. Und je mehr die Bürger vom Rechtsweg verstehen, desto weniger werden sie ihm vertrauen. Sehen Sie mal, das menschliche Leben ist so kurz, während ein Rechtsweg unendlich lang sein kann.
Moderator:	Wollen Sie damit sagen, wer sich auf den Rechtsweg begibt, kann vorher umkommen?
Expertin:	So einfach kann sich das nur für den Laien darstellen. Der Jurist formuliert – und ich will einmal stark vereinfachen: Die beabsichtigte und vom Gesetz zugelassene Inanspruchnahme anwaltlicher Beratung beim Betreten des vom Grundgesetz garantierten und vom Bürgerlichen Gesetzbuch mit den entsprechenden Rechtsvorschriften ausgestatteten Rechtsweges erfolgt gewöhnlich ohne die Versicherung des garantierten Erlebensfalles von Klägern und Beklagten, kann hingegen Anlass für Todesfolge darstellen, wenn der eben erwähnte Rechtsweg mit falschen Vorstellungen von Rechtsstaat, Rechtsmittel und Juristen betreten wird. Anwälte haften nicht für ihre Klienten. Sie werden ausschließlich von ihnen bezahlt.
Moderator:	Ich denke, wir wollen das jetzt nicht weiter vertiefen. Wer verstanden hat, hat verstanden. Wer nicht, muss eben weiter prozessie-

	ren. Unsere nächste Zuschauerfrage betrifft das Steuerrecht.
Expertin:	Um allen Irrtümern vorzubeugen, will ich hierzu gleich bemerken, Steuerrecht besteht in Deutschland nur für die Reichen.
Moderator:	Bitte ...
Expertin:	Für alle andern gilt die Steuerpflicht. Die Einzelheiten entnehmen Sie bitte den abertausend ganz-, halb- und illegalen Steuertricks oder fragen Sie Ihren Steuerbetrugsberater.
Moderator:	Aber lädt denn der Staat seine Bürger auf diese Art nicht geradezu ein, ihn zu betrügen?
Expertin:	Ja, das unterscheidet gewissermaßen den Rechtsstaat vom Unrechtsstaat. Im Unrechtsstaat herrscht das Unrechtsmonopol des Staates. Im Rechtsstaat herrscht der freie Wettbewerb der Betrüger.
Moderator:	Wollen Sie damit sagen, im Rechtsstaat betrügen alle?
Expertin:	Auf jeden Fall versuchen sie es. Das organisierte Verbrechen allerdings kann über die vielen tausend kleinen Betrüger nur lächeln.
Moderator:	Was haben wir uns hier als das organisierte Verbrechen vorzustellen?
Expertin:	Sie können aber auch Fragen stellen! Das Finanzamt natürlich.

1996

Das starke Stück

Ja, in der Bundesrepublik
spielt in den Banken die Musik.
An uns kann niemand mehr vorbei –
wir sind das Huhn, wir sind das Ei,
wir sind das Geld.
Wir sind der Mittelpunkt der Welt.
Wir sind – das weiß die Welt zum Glück –
ein starkes Stück.

Schluss mit Marx und Schluss mit Bebel!
Hoch Karl Moik und Carmen Nebel!
Und statt Politik
gibt's jetzt Volksmusik.
Sozialstaat geht uns auf den Senkel –
es lebe Olaf Henkel.
Unsre Sympathie
gehört dem BDI.
Gebt der deutschen Industrie
Steueramnestie!

1999

Letzte Antworten auf allerletzte Fragen

Eine Conférence

A: Wenn wir jetzt das Ganze mal zusammenfassen, muss
       man sagen: Was in der DDR der Klassenfeind war, das
       ist in der Bundesrepublik die Langeweile.

B: Ja, beide müssen vertrieben werden.

C: Nach dem Ende aller Utopien wissen wir schließlich, dass alles keinen Sinn hat.

B: Wo der Sinn fehlt, braucht man umso dringender Zerstreuung, Zeitvertreib, die absolut sinnfreie Kunst der Unterhaltung.

A: Nicht mitzudenken, zum Mitklatschen seid ihr da.

C: Zu unseres Kanzlers besten Freunden gehört nicht zufällig der deutsche Fußballnationaltrainer.

B: Berti Vogts sorgt für die gute Stimmung im Volk.

A: Und seit Hertha-BSC in der Bundesliga ist, fühlt sich auch der Berliner Langzeitarbeitslose nicht mehr so überflüssig.

C: Und wo man jahrzehntelang über Ladenschlusszeiten diskutiert, da müssen die Daseinsfragen einfach geklärt werden.

A: Höherer Zweck des Menschseins ist Verbrauchersein.

B: Der Gewaltbereitschaft unter der Jugend setzen wir das Erlebniskaufhaus entgegen.

A: Was früher der Fackelzug für die Jugend war, das ist heute das permanente Sonderangebot, Winter- und Sommerschlussverkauf zu jeder Jahreszeit.

C: Der Konsummuffel von heute ist der Dissident.

B: Der Müll, den die Industrie produziert, muss doch durch Menschenhand, bevor er wieder auf dem Müll landet.

A: Im Osten wurde gesagt: Wir können nur verbrauchen, was wir vorher produziert haben. Jetzt heißt es, wir müssen aber auch verbrauchen, was wir produziert haben.

C: Ladendiebstahl ist besser als gar nichts mitzunehmen.

B: Leute wie Gandhi und Mutter Theresa sind die wahren Feinde des Kapitalismus, denn sie sind bedürfnislos.

A: Karl Marx würde heute schreiben: Bedürfnislose aller Länder vereinigt euch vor den Warenhäusern dieser Welt.

B: Da würde nicht nur Rexrodt zittern. Das ganze System bräche zusammen.

C: Es ist auf unsere Bedürfnisse angewiesen, nicht umgekehrt.

B: Wer die neuen Ladenschlusszeiten nicht ehrt, ist die Freiheit nicht wert.

A: In der Freiheit kann mich kein Mensch mehr zum Denken zwingen. Da kann ich sagen, was ich will.

B: Ob du es formulieren kannst oder nicht.

C: Und im Straßenverkehr heißt das: Freie Fahrt für freie Bürger.

A: Nur Knechte des Schweinesystems beachten noch die Vorfahrt. Die Grundregel im Straßenverkehr lautet heute: Freiheit oder Tod.

C: Freiheit ist eben die Einsicht, dass keinerlei Notwendigkeit besteht, irgendwas einzusehen.

B: Und für diese Freiheit sollten wir im Osten nun endlich mal dankbar sein.

A: Moment mal, die Diktatur haben wir doch noch selber gestürzt. Den Spaß haben wir uns nicht nehmen lassen. Ich habe schließlich persönlich hinter der Gardine zugeguckt.

C: Aber dann haben uns die Brüder und Schwestern ihre D-Mark gebracht und das ist nun unsere Freiheit.

B: Freiheit in den Grenzen unserer Spareinlagen.

A: Mein Kontostand ist meine Freiheitsglocke.

C: Peter Graf ist als moderner Freiheitskämpfer ein Steuerpartisan.

A: Frei zu sein, bedarf's Millionen!

B: Wer Geld hat, den fragt man nicht, wo es herkommt.

C: Wer keines hat, sollte sich mal fragen, woher das kommt.

B: Für den, der Geld hat, ist der ganze Kapitalismus reine Demokratie.

A: Und für den ohne Geld ist die ganze Demokratie der reine Kapitalismus.

C: Mit der Freiheit kamen eben auch die neuen Besitzverhältnisse über uns.

A: Über uns ist gut – der Besitz ist sozusagen mal wieder über uns hinweggegangen.

C: Aber in historischer Gerechtigkeit. Was früher Volkseigentum war, ist jetzt Westeigentum.

B: Da können wir uns also gar nicht beklagen. Man hat uns nur genommen, was uns sowieso nie gehört hat.

A: Aber wir waren doch mal das Volk!

C: Ja, das Volk waren wir mal, jetzt sind wir nur noch ein Volk und zwar ein ziemlich bescheuertes.

A: Aber das konnten wir ja damals nicht ahnen, als wir riefen: Wir sind das Volk!

B: Wir hätten lieber rufen sollen: Wir sind das Eigentum.

C: Da hätten unsere Brüder und Schwestern aber geguckt. Eigentum verpflichtet schließlich.

A: Für uns im Osten kam eben mit der ganzen Freiheit auch die Freiheit vom Eigentum.

B: Und die Freiheit vom Arbeitsplatz.

C: Die neue Freiheit ist eben adlig – eine Freiheit von …

A: Von und zu wäre besser.

C: Das ist komisch – der Sozialismus ist daran gescheitert, dass er keiner war. Der Kapitalismus könnte daran scheitern, dass er wirklich einer ist.

1996

Kapital und Arbeit

Eine reine Clownerie

Kapital: Nu, dummer, kleiner Clown Arbeit.

Arbeit: Nu, kluger, großer Clown Kapital.

Kapital: Was liegst du so faul in der Sonne rum und jammerst?

Arbeit: Wie soll ich nicht jammern, wenn mich keiner mehr braucht?

Kapital: Musst die Ärmel hochkrempeln und tatkräftig nach vorne gucken wie unser Bundespräsident. Den braucht auch keiner. Aber jammert er deshalb? Im Gegenteil, schöne Reden hält er.

Arbeit: Kriegt ja auch schönes Geld dafür. So ein Bundespräsident hat's gut. Kann sagen, was er will. Alle hören zu. Keiner macht sich was draus.

Kapital: Nu, kannst du doch auch sagen, was du willst. Macht sich auch keiner was draus. Ich dagegen sage kein einziges Wort und alle hören auf mich.

Arbeit: Dabei liegst du auch nur so herum auf der Bank.

Kapital: Aber bei mir heißt auf der Bank liegen arbeiten, nicht faulenzen wie bei dir. Kaum legt mich einer an, gleich mache ich's wie die Karnickel – ich vermehre mich.

Arbeit: Ohne einen Handschlag zu tun.

Kapital: Natürlich ohne. Hast du schon mal gehört, dass Vermehrung geht mit die Finger.

Arbeit: Bei Taschendieben schon.

Kapital: Aber nicht bei Kapitalverbrechen – oder wie man sagt. Ich meine Vermehrung.

Arbeit: Und je mehr du dich vermehrst, desto weniger werde ich.

Kapital:	Ist sich Logik von Marktwirtschaft – je weniger Arbeit, desto mehr steigen die Aktien. Brauchen wir gar keine Arbeitslosenstatistik mehr.
Arbeit:	Woher weiß ich, wie arbeitslos ich bin?
Kapital:	Kann man die Arbeitslosenzahlen ablesen an den Aktienkursen. Je höher meine Aktienkurse, umso arbeitsloser bist du.
Arbeit:	Aber ganz ohne Arbeit könnte es dich doch gar nicht geben.
Kapital:	Natürlich nicht. Aber das musst du ja nicht wissen. Je mehr so ein Arbeitsclown denkt, dass ihn keiner braucht, desto brauchbarer wird er für die Kapitalgesellschaft.
Arbeit:	War das schön früher, als unsere Gesellschaft noch hieß Arbeitsgesellschaft. Alle Räder stehen still, wenn mein starker Arm es will.
Kapital:	Ist sich Gott sei Dank vorbei. Oder siehst du noch ein Rad am Computer?
Arbeit:	Recht haste, eine radlose Gesellschaft sind wir.
Kapital:	Eine Informationsgesellschaft. Kannst dich nämlich heute schon informieren über die Pleiten von morgen.
Arbeit:	Nur verhindern kannst du sie nicht:
Kapital:	Dafür kannst du dich aber über alles informieren, was du nicht verhindern kannst.
Arbeit:	Du kannst auch nichts verhindern, schöner, reicher Clown Kapital.
Kapital:	Wozu soll ich verhindern, dass es mir gut geht? Nie ging es mir so gut wie heute.
Arbeit:	Stimmt. Heute heißt es: Haste was, musste gar nix tun und hast trotzdem immer mehr.
Kapital:	Und haste nix, brauchste auch nix zu tun. Denn weniger als nix kannste ja gar nicht haben.

Arbeit:	Schön, haben wir beide nix zu verlieren. Hab ich aber eine Idee.
Kapital:	Na siehste, haste auch was.
Arbeit:	Ja, eine Frage hab ich. Wenn es schon keine Arbeit mehr gibt für alle, warum gibt's dann nicht wenigstens Kapital für alle?

1997

Salto globale

Damen und Herren, an mir können Sie sehen: Das ist heute erfolgreicher deutscher Unternehmer – ein Akrobat schööön!

Hab ich in schööönes deutsches Vaterland immer ein Standbein – aber überall, wo es sich schön rechnet, ein Spielbein. In Deutschland lebt sich's schön, aber draußen rechnet sich's besser. Was also sein ein erfolgreicher deutscher Unternehmer? Ein Vielbein. Ein Bein in Weißrussland, eins in Schwarzafrika und eins in Rot-China. Nur der Arsch bleibt schööön in Grünheide. Das soll mir mal einer nachmachen von unsern verwöhnten deutschen Arbeitnehmern. Aber was tun sie? Stehen hier vorm Arbeitsamt rum, und in Peking wartet die Arbeit. Solange sich deutsche Arbeitnehmer für etwas Besser-zu-Bezahlendes halten, müssen sie sich nicht wundern, wenn unsereins mit seinem Kapitale macht einen Salto globale.

Schickt unsereins sein schööönes Geld in die ganze Welt. Die deutsche Arbeitskraft aber kommt nicht vom Fleck. Unsereins ist eben schon schöööner Weltbürger, Kosmopolitiker. Ja, wenn es drauf ankommt, verleg ich die Produktion auch in den Kosmos, wenn es die kleinen Kosmopoliten da oben billiger machen als die Schwarzafrikaner hier unten.

Ich kenne keine Rassenvorurteile mehr. Ich kenne nur noch Standortvorteile. Und wenn wir mit den kleinen Rotchinesen schwarze Zahlen schreiben, akzeptieren wir auch ihre asiatische Auffassung von Menschenwürde in Zwangsarbeitslagern. Sich nicht erregen, bringt Segen. Toleranz war für die Menschheit schon immer mit Gewinn verbunden.

Globalisierung bedeutet eben nicht nur Arbeitsteilung, sondern auch Rechteteilung. Hier oben haben die Menschen Rechte, da unten die Wirtschaft. Der Mensch muss eben sehen, wo er bleibt. Ich hab mich entschieden – als Mensch bleib ich natürlich, Patriot schöööön, in Deutschland wohnen. Als Steuerzahler bin ich Internationalist und helf dem armen Monaco. Als freier Kontoinhaber aber kann ich sagen: Ich bin ein Luxemburger.

Also mir geht es gut, mein Kapital hat Arbeit!

1997

Der alte dumme August

Damen und Herren! Brüder und Schwestern in Bayern und Sachsen, Dresden und Hamburg! Genossen, die es nie gewesen sein wollen! Clowns und solche, die es werden wollen – freiwillig oder unfreiwillig, rot oder grün, schwarz oder braun –, werdet, was ihr wollt, aber lasst mich bleiben, was ich bin. Nein, dummer August will nicht werden großer August, nicht mal glattrasierter Präsident in neue Bundestag. Ich will bleiben einfach kleine Clown.

Schon früher in alte DDR, als ich noch war kleine Nachwuchsaugust, wollten alle mich machen zum Diplomclown oder Diplfax, wie es in unsere schöne Faxsprache heißt. Biste

aber erst mal was, haste gleich noch was zu werden – Doktor
Fax, Professor Oberfax und am Ende biste Oberclownrat mit
drei junge dynamische Unterclowns und finf Lachbearbeiter in
drei komische Vorzimmern. Und dann darfste machen keine
kleinen dummen Witze mehr. Dann musst du machen große
Wort über das komische Ganze oder das ganz Komische in
unsere eingewickelte Gesellschaft. Dann trägste keine Papp-
nase mehr, dann trägste bloß noch Verantwortung im Gesicht.
Dann darfste nicht mehr sagen, was de glaubst, dann musste
glauben, was de sagst.

Und du glaubst ja gar nicht, was du alles glauben musst,
wenn erst die Karriere dranhängt. Und wie schnell man mit
seinem richtigen Parteibuch auf falsche Pferd gesetzt, und dann
biste plötzlich wieder, was de schon vor Jahren gerufen hast
… Ich bin das Volk … Ich bin das Volk … Nein, dummer August will keinen roten Teppich. Mehr Platz war immer in den
Fettnäpfchen des Landes und wird da auch bleiben, auch mit
rot-grüne Oberclowns. Oh, seit voriges Jahr hab ich selbst einen richtigen Parteiführer in meine Fax-Familie. Als er geboren
wurde, war er ganz schrumpelig, ökologisch grün hinter den
Ohren. Nu isser glatt gewählt – spricht schon, als hätte er in
Hamburg studiert und war doch mal ganz echt, echter kleiner
Sachsenclown. Nun kann er nicht mal mehr über sich selbst lachen. Nur manchmal, nachts unter der Bettdecke grient er über
den Quatsch, den er tagsüber so gesagt hat, damit se ihn wieder
wähln. Nein, dummer August will nicht gewählt werden, nicht
mal geheim. Auch wenn alle sagen, so ein alter August muss
doch sein ein dummer August, wenn er noch immer nicht ist
Oberaugust. Alter nützt bei Dummheit nichts.

Aber einfach ist es auch nicht, alt zu werden und dumm zu
bleiben in eine Umgebung, wo alle plötzlich wissen, was se früher nicht mal zu träumen gewagt. Heute wagen se sich wieder
nicht zu träumen, was se bis gestern noch wussten. Früher war

die Einheitsbravheit. Heute sind se alle brav pluralistisch, nur dummer August kann alt und grau werden und frech bleiben. Hab ich meinem Sohn geschrieben in sein goldenes Erfolgsbuch, als er gewählt wurde zum großen Vorsitzenden von ganz kleine, aber eigene Partei: Groß willst du und artig sein? Ach, August, was artig ist, ist klein. Ist nicht von mir der Spruch. Ist bloß von ganz alte Lessing. Muss aber auch gewesen sein so was wie eine klassische dummer August.

1999

Talg im Hirn

Moderator: Guten Abend, meine Damen und Herren. Herzlich willkommen bei »Talg im Hirn«. Wie immer talken wir zwischen den größeren Werbeblöcken – bleiben Sie dran – ein bisschen Talg im Hirn. Einziges Thema, weil einziger Gast ist heute Karl Lagerfeld. Herr Lagerfeld, was macht Sie eigentlich so einzigartig?

Lagerfeld: Nun, das ist mein ganzes Herkommen. Ich war schon einziges Kind meiner einzigen Eltern, so dass meine Einzigartigkeit sozusagen angeboren ist. Auch im Zeitalter der Gentechnologie wird das so bleiben – mich gibt's nicht wieder. Und das ist Teil meiner Tragödie. Was glauben Sie denn, warum einer wie ich ausgerechnet Parfum macht? Doch einzig und allein, weil ich andere Leute nicht riechen kann.

Moderator: Aber Sie selbst, lieber Lagerfeld, Sie riechen hier und da doch auch.

Lagerfeld:	Gewiss tue ich das – aber doch nicht nach mir, lieber Böhme. Übrigens können Sie ruhig von Lagerfeld sagen.
Moderator:	Verstehe – das ist neuer deutscher Kleideradel, um nicht zu sagen Nadel-Adel.
Lagerfeld:	Böhme, ich verabscheue diese Art von Humor. Schaun Sie sich doch mal um, was die Leute hier tragen. Alles von Lagerfeld.
Moderator:	Mit Ausnahme von meiner Krawatte. Die ist von Joop.
Lagerfeld:	Hören Sie mit dem auf, der ganze Joop könnte von mir sein. Die ganze Welt ahmt mich nach. Ich kann Ihnen gar nicht sagen, wie mich das langweilt. Wo andere Leute verkalken – hier oben nämlich – da muss ich pudern. Was soll ich denn den ganzen Tag tun?
Moderator:	Nun, immerhin ziehen Sie doch die halbe Welt an.
Lagerfeld:	Weil sie mich abstößt, Böhme. Ich habe eine unbezwingbare Aversion gegen nacktes Fleisch. Stellen Sie sich doch nur mal Claudia Schiffer nackt vor! Ist doch eine grässliche Vorstellung. Meine Kleider sind die reine Notwehr. Als Kind hat mich unser Hausmädchen mal am Nacktbadestrand vergessen. Seitdem bin ich besessen von der Idee, den Leuten was zum Anziehen zu machen.
Moderator:	So? Also das geht mir ganz anders mit den Nackten.
Lagerfeld:	Allein der Gedanke, Sie könnten hier nackt herumsitzen, ist für mich schweißtreibend.
Moderator:	Nun, mit etwas Humor verstehe ich das sogar. Aber wenn Sie selbst morgens im Bad stehen …

Lagerfeld:	Ich stehe morgens nicht im Bad, weil ich noch im Bett liege. Wie sehen wir denn morgens aus, Böhme? Bei mir mag das ja noch gehen. Aber schauen Sie sich doch mal an. Nein, schauen Sie lieber nicht, schlafen Sie aus und ziehen Sie sich dann sofort was drüber. Insofern sollte uns auch die wachsende Anzahl von Arbeitslosen nicht weiter beunruhigen. Das verringert doch zumindest die Zahl der hässlichen Frühaufsteher.
Moderator:	Meinen Sie nicht, dass das ein wenig zynisch klingt?
Lagerfeld:	Mag schon sein. Aber ich beleidige allenfalls die Ohren dieser armen Kreaturen, während sie fortgesetzt meine Augen beleidigen. Da muss man als Modeschöpfer doch verzweifeln. Wozu arbeitet man denn, wenn die Leute dann doch wieder so herumlaufen?
Moderator:	Könnte es nicht sein, dass die Leute Ihre Kreationen einfach nicht bezahlen können?
Lagerfeld:	Kann sein, natürlich. Aber da muss man Prioritäten setzen. Ich esse doch auch nicht jeden Tag Kaviar. Ich esse überhaupt nichts, was vorher im Wasser schwimmt. Aber ich ziehe mich ordentlich an.
Moderator:	Nun, ich selbst kenne zwar keinen Arbeitslosen, kann mir aber vorstellen, dass der eine oder andere bereits auf Kaviar verzichtet.
Lagerfeld:	Der eine oder andere! Wir haben in Deutschland fünf Millionen Arbeitslose.
Moderator:	Das stimmt natürlich – da fällt der eine oder andere gar nicht ins Gewicht. Wir müssen alle verzichten lernen.

1998

Wir sind jetzt normal, total normal.
Normal sind wir jetzt am totalsten.
Wir sind nicht nur normal normal,
wir sind die Normalsten,
ganz fundamental normal.

Wir sind nicht antisemitischer als die Polen,
nicht zivilisierter als die Mongolen,
wir saufen auch nicht mehr als die Finnen
und der deutsche Mann nimmt auch Thailänderinnen.
Wir sind nicht fremdenfeindlicher als die Schweiz
und unser Humor ist von ähnlichem Reiz.
Wir sind halt normal und zwar total.
Normal sind wir jetzt am totalsten.
Wir sind nicht nur normal normal,
wir sind die Normalsten,
ganz fundamental normal.

Wir sind nicht dogmatischer als Jesuiten,
wir kochen auch nicht schlechter als die Briten,
wir sind nicht geiziger als die Schotten,
nicht ungebildeter als Hottentotten.
Wir sind nicht scheinheiliger als die Pietisten
und auch nicht rassistischer als andre Rassisten,
wir wollen uns unserer Vergangenheit stellen
mit all ihren –
mein Gott –
unerfreulichen Bagatellen.

Wir sind jetzt normal, total normal.
Normal sind wir jetzt am totalsten.

Wir sind nicht nur normal normal,
wir sind die Normalsten,
ganz fundamental normal.

Wir vergessen nicht mehr, als der Jude vergisst,
dass er Opfer war, aber heut nicht mehr ist,
so wie wir Täter waren, aber heut nicht mehr sind.
Doch auf dem Auge sind die Juden ja blind.
Wir sind jetzt normal, total normal.
Ja, man kann sagen: Wir sind nicht
dümmer, nicht egoistischer,
nicht verlogener als die andern.
Ja, wir sind nicht mal brutaler.
Wir sind nur eines:
Wir sind normaler!   1999

Wahlflucht

In unserer Demokratie gehen im Durchschnitt nur noch sechzig Prozent der Wahlberechtigten zur Wahl. Sie wählen aber
hundert Prozent der Volksvertreter. Also reichen schon ein-
unddreißig Prozent Ja-Stimmen der Bevölkerung aus, um im
Parlament die absolute Mehrheit zu haben. Das ist die neue Re-
lativitätstheorie – eine relative Mehrheit im Parlament vertritt
eine absolute Minderheit der Bevölkerung.

Der Wähler, das unbekannte Wesen, lässt seine Politiker im
Stich. Honecker konnte seinen Landsleuten noch zurufen: Ich
weine euch keine Träne nach! Demokratische Politiker müssen
ihren Wählern immer wieder versichern: Wir lieben euch doch
alle! Keine Partei kann sich ihre Wähler mehr aussuchen. So

musste selbst die CDU den Schweißgeruch der roten Socken in Kauf nehmen und dem PDS-Wähler um den Rotbart gehen. Die PDS würde Verona Feldbusch zu ihrer Spitzenkandidatin machen, wenn sie damit auch an die Stimmen der Analphabeten rankäme. Die SPD würde die Sozialdemokratie aus ihrem Namen tilgen und zu Schröders Partei Deutschlands werden. Und die Grünen werden, wenn der Wähler es will, zu einem blassen Bündnis neunzig Prozent anpassungsfähig. Und sie alle treffen sich in der neuen Mitte, wo sich Stoiber und Gysi nur noch im Dialekt unterscheiden.

1999

Bouillon Bio

Biolek:	Guten Abend, meine Damen und Herren, und herzlich willkommen zu »Bouillon Bio«! Thema der heutigen Sendung: Meine Lieben – wo seid ihr geblieben. Meine Gäste heute Abend sind alle irgendwie weggeblieben. Eingeladen hatte ich Rita Süßmuth, gekommen ist Frau Bergmann-Pohl. Mir ist angenehm aufgefallen, dass man von Ihnen lange nichts mehr gehört hat.
Bergmann-P.:	Ja, Herr Biolek, das sagen viele. Und das liegt ganz einfach daran, dass ich auch nicht mehr das bin, was ich mal war.
Biolek:	Sie waren aber einmal …
Bergmann-P.:	So ist es – ich war einmal. So fangen die ostdeutschen Wendemärchen heute an. Ich war einmal und bin nicht mehr.

Biolek:	Das ist natürlich sehr schade, denn damals hatten wir alle sehr viel Spaß mit Ihnen. Sie waren nicht nur die letzte, Sie waren auch die lustigste Volkskammerpräsidentin. Könnte man sagen, Sie waren ein großer Lacherfolg? Und wenn ja, worin bestand das Geheimnis Ihres Erfolges?
Bergmann-P.:	Ganz eindeutig in der Ernsthaftigkeit, mit der ich mein komisches Amt ausgeübt habe. In dieser Volkskammer damals saßen so viele komische Talente.
Biolek:	Das ist ja heute nicht anders. Ja, man kann sogar sagen, dass die Konkurrenz unter den Komikern im Bundestag heute viel größer ist. Und trotzdem ist doch der Thierse genauso unschlagbar, wie Sie es einst in der Volkskammer waren. Woran mag das nur liegen?
Bergmann-P.:	Nun, das liegt wahrscheinlich an dem komischen ostdeutschen Glauben, wenn man uns einfach so reden lässt, hätten wir auch schon was zu sagen.
Biolek:	Da ist was dran. Ich könnte Ihnen stundenlang zuhören, obwohl ich weiß, dass Sie auch nichts zu sagen haben. Aber meine Gästeliste ist lang. Nehmen Sie wieder Platz auf der Hinterbühne. Mein nächster Gast war einmal der bekannteste Unterhaltungskünstler der CDU. Ich begrüße den Erfinder der Rote-Socken-Kampagne Peter Hintze – herzlich willkommen! Herr Hintze, wann haben Sie zum letzten Mal gebeichtet?
Hintze:	Herr Biolek, Sie wissen so gut wie ich, dass das Beichtgeheimnis für einen christlichen Politi-

	ker sein Bankgeheimnis ist. Mein Gott ist Helmut Kohl und ich war sein Prophet.
Biolek:	Ihnen und Helmut Kohl wird ja ein besonderes Verhältnis zum Geld nachgesagt.
Hintze:	Wir haben uns sozusagen ergänzt. Während er vergessen hat, wessen Spesen er mit vollen Händen ausgegeben hat, habe ich vergessen, dem Sozialstaat meine Sozialausgaben in den Rachen zu werfen. Einer hat zu viel Geld ausgegeben, der andere zu wenig. Das gleicht sich bei der CDU immer alles aus.
Biolek:	Nun haben Sie ja nicht nur zum Geld ein besonderes Verhältnis, sondern auch zur PDS. Hat sich Gregor Gysi eigentlich schon bei Ihnen bedankt für Ihre Rote-Socken-Kampagne?
Hintze:	Hören Sie auf mit Gysi. Auf diesem intellektuellen Niveau verkehre ich doch gar nicht.
Biolek:	Vielen Dank, Peter Hintze für diese klare Standortbestimmung. Ich danke Ihnen, meine Herren. Und trösten Sie sich mit dem Bibelsatz: Eher wird ein Kamel Minister, als dass ein Politiker in den Himmel kommt. Nun aber zu meinem nächsten Gast, zu Claudia ... Nein, nicht Schiffer. Unsere Schönheit kommt aus Ilmenau und heißt Claudia Nolte. Sieht sie nicht entzückend aus? Und so jung und schon so verbraucht ... als Politikerin, meine ich. Frau Nolte, meine erste Frage: Darf ich Claudia sagen?
Nolte:	*(kichert)*
Biolek:	Das ist der Charme, mit dem Sie schon Helmut Kohl so bezaubert haben. Zweite Frage:

	Welches Amt würden Sie in der nächsten Bundesregierung anstreben?
Nolte:	Verkehrsministerin.
Biolek:	Verkehrsministerin! Darauf wär ich jetzt nicht gekommen. Was würden Sie denn da für Akzente setzen, beispielsweise im Fernverkehr?
Nolte:	Unter Fernverkehr kann ich mir gar nichts vorstellen. Und was diese nächtlichen Rufnummern angeht, also dieser Schmuddelkram …
Biolek:	Ich meinte jetzt aber diese vielen Laster auf unseren Autobahnen …
Nolte:	Als verantwortungsbewusste Christin würde ich das Verbot aller Laster anstreben.
Biolek:	Dann nehme ich alles zurück und sage wieder Frau Nolte zu Ihnen. Jetzt wissen wir endlich, was wir an Ihnen als Familienministerin verloren haben. Mein nächster Gast ist die Talkshow gewordene Stimme der deutschen Unternehmer – Hans-Olaf Henkel. Herr Henkel, als Unternehmer sind Sie nicht käuflich, aber was sagen Sie über die rot-grüne Regierung?
Henkel:	Die werde ich mir auch noch kaufen.
Biolek:	Herr Henkel, kann man sagen, dass Sie das soziale Gewissen der deutschen Wirtschaft repräsentieren?
Henkel:	Mehr als das, Herr Biolek. Ich b i n das soziale Gewissen der armen deutschen Wirtschaft, der Ärmsten der Armen also, die ihr Dasein immer noch im Schatten des reichen deutschen Arbeitnehmers fristen müssen.
Biolek:	Sie sind so eine Art Jesus von Mannesmann und Thyssen. Als solcher tragen Sie, wenn ich

	das so sagen darf, das Kreuz unseres Herrn, des Kapitals, durch die deutsche Talkshow.
Henkel:	In aller Bescheidenheit, Herr Biolek, ohne mich wüsste die Öffentlichkeit doch kaum etwas vom Leidensweg des deutschen Kapitals, immer ganz dicht am Finanzamt vorbei.
Biolek:	Aber was soll schon vom Sozialstaat bleiben, wenn sich das Kapital immer nur in die eigene Tasche globalisiert?
Henkel:	Nun, Herr Biolek, da bin ich für klare Aufgabenteilung von Wirtschaft und Staat. Die Wirtschaft übernimmt ihre klare Verantwortung für alle Gewinne, während der Staat sich auf die Schulden konzentriert. Modell Holzmann.
Biolek:	Anders ausgedrückt – rote Zahlen in Volkes Hand!
Henkel:	So stelle ich mir eine gesunde Volkswirtschaft vor. Je weniger am Gewinn beteiligt sind, desto mehr haben sie davon.

1999

Tanz um die goldene Mitte

Deutschland, deine Mitte
reicht von ganz rechts bis ganz links.
Westerwelle, Stoiber, Gysi, Schröder, Roth.
Deutschland, deine Mitte
reicht bis zur Peripherie –
Deutschland, so viel Mitte hattest du noch nie!

Gerhard Schröder lächelt schnittig –
keiner ist wie ich – so mittig.
Gysi grinst und sagt nur knapp: Wart's ab!
Auch Mölle, Mölle, der aus Kölle, rennt rum
und ruft: Ich bin hier das Zentrum!
Da schreit Wagenknecht: Ich bin in echt die Mitte!

Deutschland, deine Mitte
kennt rechts und links nur die Wand.
Deutsches Volk ist heute einig Mittelstand.
Kein Sozi ist noch Linker,
kein Rechter ist hier noch schwarz –
Mitteldeutschlands Alpen reichen bis zum Harz.

Westerwelle auf die Schnelle
nennt sich um in Mittelwelle.
Nord- und Ostsee werden Mittelmeer.
Kein Schröder und kein Stoiber ist zu eitel –
beide tragen Mittelscheitel.
Die Mitte siegt bei jeder Wahl,
denn wo sie liegt, ist ja egal.

2003

Perpetuum Rentenmobile

Wie spach Blühm, der Renten-Blücher?
Unsre Rente, die ist sicher.
Doch das ist schon lange her.
Und die Rentner werden mehr.
Also muss man reformieren,

um das Pack zu finanzieren.
Schröders Truppen rufen kühn:
Die Rente sichert nur Rot/Grün!
La, la, la …

Die Koalition verkracht sich –
Eichel will Rente ab achtzig.
Doch Riester will schon ab sechzig.
Die Koalition rächt sich,
denn jetzt ruft die CDU:
Rente steht nur Christen zu.
FDP macht auch Randale –
Rente nur für Liberale!

Rentenalter, Altersrente,
Rentensteuerungsprozente,
Eichel rechnet, Merkel meckert,
Schily klotzt und Riester kleckert.

Mölle, Möllemann ruft: Feuer!
Weichei Eichel will 'ne Steuer.
Riester versichert,
Seehofer kichert –
Rot/Grün schlägt sich
und verträgt sich.
Die Reform wird Schall und Rauch.
Das sagt Westerwelle auch.
Dann schreit jeder jeden an,
bis keiner was verstehen kann.

Fun und Hip und Zip und Dib, bleib lieb, piep, piep.
Rentner hurra, die Rente ist für'n Wahlkampf da.
Wadde hadde dude da …

Da ruft der Stoiber aus dem schwarzen Bayern:
Jetzt Schluss mit dem Eiern!
Jolli holli CSU
jolli holli hat's im Nu!
Wer hierzuland nicht jodelt
und reines bayerisch spricht,
di – jola di – hulla …
der ist ka echter Deutscher net
und kriegt ka Rente nicht.
Da mischt Putin sich aus Moskau ein:
Muss denn Rente überhaupt noch sein?
Wenn ihr Wodka gebt statt Rente, hören
Rentner von alleine auf zu stören.

Guter Rat! Die Konsequenz
ist ein All-Parteien-Konsens:
Schluss mit eurem hohen Alter –
guter Rentner ist ein kalter.
Die Rente ist nur Gnadenbrot,
drum sauft euch lieber vorher tot.

2000

Die Alten

Ein Jugendlied

Jugend: Im düstern Auge keine Träne,
   sie fletschen im Rollstuhl die dritten Zähne
   und fressen der Jugend die Zukunft weg.
   Was nach ihnen kommt, kümmert sie einen Dreck.

Deutschland, sie weben dein Leichentuch –
die Alten, sie sind Deutschlands dreifacher Fluch.

Alte: Die Jugend von heute, die sollte sich schämen,
uns Alten das letzte Hemd wegzunehmen.
Wir schleppen uns mühsam bis auf die Kanaren,
um euch unsern elenden Anblick zu ersparen.

Jugend: Sie schlürfen den Sekt aus Schnabeltassen
und lassen sich Herzschrittmacher verpassen.
Weil sie auf dem Kunsthüftgelenk bestehen,
muss die Jugend von heute am Krückstock gehen.
Sie schlucken Viagra mit Haferschleim –
so heiß sind die Nächte im Altersheim.

Alte: Wir haben noch Vater und Mutter geehrt,
am Freitag gebadet, uns danach vermehrt.
Wir kannten noch keine Geburtenkontrolle –
wir kannten Frau Uhse und Herrn Oswald Kolle.

Jugend: Die Alten machen nur Probleme –
sie werden über hundert und zwar aus Häme!
Dabei hat doch alles bei uns seine Zeit,
da sagt man von selber: Jetzt ist es so weit!
Wo Zukunft alleine der Jugend gehört,
da geht man doch lieber, bevor man stört.

Alte: Was soll ohne uns denn aus Deutschland mal werden?
Wir sind doch die Einzigen, die sich noch vermehren.
Die Jugend stirbt aus, die wird's bald nicht mehr geben.
Wir sind Deutschlands Zukunft, denn wir überleben.

2004

(Melodie: Comedian Harmonists »Mein kleiner grüner Kaktus«)

Sie:	Ich bin die kleine Mandy
	und hab ein süßes Handy.
Er:	Mit ihrem kleinen Handy
	ist Mandy einfach trendy.
Sie:	Denn habe ich mal Kummer,
	dann wähl ich eine Nummer
	und sage in mein Handy:
	Hallo, ich bin die Mandy.
	Dann meldet sich Madeleine –
	schon bin ich nicht alleine.
Er:	Nicht auszudenken, wenn die
	Mandy hätt kein Handy.
	Dann wär sie ganz alleine,
	denn Arbeit hat sie keine.
Sie:	Ich bin ja zu nichts nütze
	und lebe nur von Stütze.
	Und dann noch das Theater –
	mein Kind hat keinen Vater
	und der kein Geld für Mandy,
	das braucht er für sein Handy.
	Blab! Blab! Blab! Blab! Blab!
	Blab! Blab! Blab! Blab! Blab!
	Blab! Blab! Blab! Blab! Blab!
	Blab! Blab! Blab! Blab!
Er:	Ob Dandy oder Assi –
	wir gehen mit Handy Gassi
	und bauen wie unsre Mandy
	das Leben ganz aufs Handy.
Sie:	Mit meinem Handy leb ich,

an meinem Handy kleb ich,
egal wie, wann und wo –
ich nehm's auch mit aufs Klo.

Er: Es hängen tausend Mandys
an hunderttausend Handys.
Die zeigen, wenn sie klingeln,
den hunderttausend Singln:

Sie: Wir sind zwar alle einsam,
doch das sind wir gemeinsam.

Er: Trennt Willi sich von Lilli,
macht er heut keinen Stress –
er schickt 'ne SMS.

Sie: Das muss man ihm auch gönnen –
mit SMS geht's leicht.
Man muss nicht schreiben können,
wo buchstabieren reicht.

Beide: Mit Handy liegt auch Oma
nicht mehr allein im Koma.
Das gibt uns Zuversicht –
im Handy brennt noch Licht.

2004

■■■■■■■■■■■■■■■■■■■■■■■■■■■■

Liebe im Chatroom

Sie: Ich möcht mit dir gehen –
Er: Liebling, wir sind uns nah –
Sie: dich leibhaftig sehn.
Er: bin doch ganz für dich da.
Sie: Ich kenne doch nicht –
Er: Ich schick dir per Internet –

Sie:	mal dein Gesicht.
Er:	ein Bild von mir in meinem Bett.
Sie:	Wie weiß ich denn, dass du das bist?
Er:	Weil's ein Chat-Rendezvous ist.
Sie:	Vielleicht hast du 'ne Glatze und 'n Doppelkinn.
Er:	Nein, ich schwöre dir, dass ich's bin.
Sie:	Sag mir, dass ich dir fehle!
Er:	Mail dir's mit Leib und Seele.
Sie:	Ich fühl mich trotzdem hier so allein.
Er:	Tu noch ein Eis ins Glas und schenk dir was ein.
Sie:	Ich zieh mich jetzt aus.
Er:	Wunderbar siehst du aus.
Sie:	Was hab ich im Glas?
Er:	Von jedem ein bisschen was.
Sie:	Ich muss mich bemühen.
Er:	Wie schön deine Augen glühen.
Sie:	Siehst du mich denn?
Er:	Auf jeden Fall ist mir, als wenn.
Sie:	Ich sage dir, nein, nein, nein.
Er:	Näher kann man nicht sein.
Sie:	Ganz nah und doch unendlich fern.
Er:	So haben wir uns unendlich gern.
Sie:	Die Liebe – ein Chat
Er:	im Internet.
Beide:	Baby, it's cold outside.

2005

Woher kommt der Mensch und wozu

Uns gibt's noch lange

Nur keine Angst, wir ändern uns nicht.
Wir wechselten nur die Penaten.
Die Freiheit ist jetzt erste Bürgerpflicht,
und wir sind Totaldemokraten.

Was uns nicht passt, vergessen wir auch.
Und was wir vergessen, das war nicht.
Denn das ist in Deutschland ein alter Brauch,
und Bräuche vergessen wir gar nicht.

Wir haben heimlich die Faust geballt
und trotzig zu allem geschwiegen.
Uns ließ unser eigener Jubel kalt.
Doch jetzt wollen wir endlich mal siegen.

Wir sind viel bessere Deutsche als die,
die immer bloß meckern da drüben.
Wir können die ganze Demokratie
und brauchen sie nicht erst zu üben.

(Melodie: »Das gibt's nur einmal,
das kommt nicht wieder ...«)
Nur keine Bange –
uns gibt's noch lange.
Wir sind ein Volk, das Folgen hat.
Wir halten wiedermal treu zur Stange

und haben Experimente satt.
Wir sind die besten,
denn wir sind Westen.
Wir sind zu deutsch, um schön zu sein.
Wir sind geschlossen
nie mehr Genossen.
Wir sind ein sehr viel älterer Verein.

1992

Philemon und Baucis

Baucis:	Na, du Alte ...
Philemon:	Na, du Alter ...
Baucis:	Fast zweitausend Jahre sitzen wir nun schon hier ...
Philemon:	Doch im Jahr zweitausend werden wir endlich klüger sein.
Baucis:	Das hast du vor tausend Jahren auch gesagt.
Philemon:	Komisch, dass die Zeit vergeht. Mir ist es noch wie gestern.
Baucis:	Vor tausend Jahren war ja auch fast alles wie gestern.
Philemon:	Was man damals alles noch nicht brauchte!
Baucis:	Das merkt man erst heute, wo man's hat.
Philemon:	Und was man heute alles gern wiederhätte.
Baucis:	Das merkt man erst heute, wo man's nicht mehr hat.
Philemon:	Alles merkt man zu spät.
Baucis:	Ja, den ganzen Sozialismus hätten wir nicht gebraucht.

Philemon:	Das weiß man aber auch erst, wenn man ihn mal hatte.
Baucis:	Dann können wir das ja noch gar nicht wissen. Wir hatten ja nur DDR. Und die auch nur vierzig Jahre. Was ist das schon bei unserem Alter?
Philemon:	Nichts, Baucis. Die vierzig Jahre können wir streichen.
Baucis:	Und die zwölf Jahre vorher?
Philemon:	Die hatten wir doch schon längst gestrichen.
Baucis:	Ach so. Ja, da fühlt man sich gleich viel jünger – zweiundfünfzig Jahre jünger.
Philemon:	Ich hab mal unsere knapp zweitausend Jahre überschlagen. Das meiste davon können wir streichen.
Baucis:	Müssen wir, Philemon. Hätte ich das alles wirklich erlebt, was ich mit dir mitgemacht habe – ich sähe sehr alt aus. 1992 Jahre und kein bisschen weiser.
Philemon:	Aber auch kein bisschen dümmer. Denn immerhin sind wir ja wiedermal übrig geblieben.
Baucis:	Was bleibt den kleinen Leuten schon anderes übrig, als übrig zu bleiben.
Philemon:	Trotzdem hättest du dir nicht jede Jacke anziehen müssen! Und wer übrig bleiben will, muss sich die Jacke anziehen. Man muss aber auch wissen, wann man sie wieder ausziehen muss! Apropos, ausziehen! Als damals die Römer nach Deutschland kamen …
Baucis:	Ach, das sind doch alte Kamellen. Die Römer haben wir längst bewältigt.
Philemon:	Aber die Nacht im Teutoburger Wald mit Varus, die hättest du dir sparen können.

Baucis:	Aber wenn es anders gekommen wäre, dann wären wir die besseren Germanen.
Philemon:	Das ist das Problem, man weiß nie, auf welcher Seite man später mal zu den Besseren gehören wird.
Baucis:	Immer erfährt man erst danach, was man hätte vorher wissen müssen. Wir hätten damals im Teutoburger Wald bleiben müssen, dann würden wir heute endlich mal zu den Besseren gehören.
Philemon:	Aber zwischendurch war der Teutoburger Wald auch nicht besser als die Schorfheide.
Baucis:	Das ist doch längst vergessen, ist doch bloß noch Geschichte.
Philemon:	Deshalb sage ich ja, dass wir im Jahr zweitausend endlich klüger sein werden. Da ist das, was wir jetzt mitmachen, auch nur noch Geschichte.
Baucis:	Wenn etwas erst Geschichte ist, kann man auch damit leben. Nur so lange es Gegenwart ist, wird man damit nicht fertig.
Philemon:	Sag ich doch: Wir müssen nicht dumm sterben.
Baucis:	Nur immer dumm leben.

1992

Faust – geballt

Haben nun – ach! – Philosophie,
Juristerei, Nuklearmedizin,
Waffentechnik und Theologie
durchaus studiert, mit heißem Bemühn.
Da stehn wir nun, wir reinen Toren,
heißen Doktor, sind Professoren,
nannten uns Genossen gar
und machten an die zehntausend Jahr
die Augen zu, den Buckel krumm
und bringen einander zur Abwechslung um
für dünne Ideen und dicke Pfaffen
und stammen vom Menschen ab, wir Affen.
Zwar kennen wir Skrupel, zwar kennen wir Zweifel,
doch im Ernstfall paktieren wir auch mit dem Teufel.
Zwei Seelen wohnen – ach – in unserer Brust:
die eine hat nie was getan, die andere nie was gewusst.
So wechseln wir gern mal die heiligen Lehren.
Uns kann man zur Kiemenatmung bekehren.
Wir sterben für Gott, für Stalin, für Geld,
für Konsummarken und für eine bessere Welt.
Wofür wir aber hier überhaupt leben,
das hat sich irgendwie noch nicht ergeben.
Das ist der Weisheit letzter Schluss,
der Mensch lebt nur, weil er leben muss.
Zum Sterben muss man uns nicht zwingen,
denn es muss uns doch gelingen,
dass die Sonne schön wie nie durchs Ozonloch scheint.
Mag die Erde verglühen, erkalten –
der Fortschritt ist nicht aufzuhalten.
Also geht heim – es bleibt alles beim Alten.

1992

Lobet den Menschen,
den mächtigen Herren auf Erden.
Er ist am mächtigsten,
lebt er als Hammel in Herden.
Erst die Parteien
helfen den kleinen Menschlein,
größere Tiere zu werden.

Lobt die Parteien,
sie machen den Menschen zum Mitglied,
dass er in den Wahlkampf
und gegen die anderen mitzieht.
Was uns vereint,
ist der gemeinsame Feind.
Bist du nichts, bist du doch Mitglied.

Lobet das Alte,
denn das ist jetzt bei uns das Neue.
Alt ist, wir halten
dem Neuen schon wieder die Treue.
Wechseln die Herren und die Macht,
treu sind wir immer aufs Neue.

Ach, über Nacht
wechseln die Herren und die Macht –
treu sind wir immer aufs Neue.

1992

(Melodie: Carl Orff »Carmina burana«, Nr. 2)

Vor uns die Sintflut. Nach uns nichts.
Die Zukunft ist gewesen.
Ein jeder kann sie im Geschichtsbuch
noch einmal lesen.
Himmelstrahlender Ozon
kann uns nicht mehr schrecken,
seit auch Gott mit Frau und Sohn
im Ozonloch stecken.
Gott sprach einst als weiser Mann
noch zum Licht: Es werde!
Seit Atomstrom leuchten kann,
strahlt die ganze Erde.

Vor uns die Sintflut. Wasser marsch!
Kein Mensch kann das mehr trinken.
Die Luft, der Wald sind längst im Arsch.
Jetzt gebt Gas – wir sinken!
Sauerstoff wird rationiert,
Frischluft gibt's auf Marken.
Wer nicht zahlen kann, krepiert
vor uns reichen Starken.
Unser ist ein Luxussarg
für humanes Sterben.
Denn wir zahlen mit harter Mark
für die toten Erben.

Vor uns die Sintflut. Nie mehr Krieg!
Die Menschheit ist geheilet.
Es hat sie grad der letzte Sieg

über sich ereilet.
Da der Mensch ist, wie er ist,
ist er nicht zu retten.
Doch er kauft als guter Christ
Untergangsvignetten.
Darauf steht: Wir hatten recht –
unser Weg ist richtig.
Dass wir tot sind, ist zwar schlecht,
aber nicht mehr wichtig.

1993

Wenn wir einmal reich sind

Wenn wir einmal reich sind,
dann sind wir auch alle gut.
Doch weil wir das noch nicht gleich sind,
fließt hier noch ein bisschen Blut.

Wenn wir alles haben,
geben wir auch gern was her.
Reich – das sieht man an den Schwaben –
fällt das geben nicht mehr schwer.

Gäb es keine Armen,
ließe uns ihr Betteln kalt.
Doch sie zeigen kein Erbarmen
und so kommt's halt zu Gewalt.

Uns fehlt's – Gott behüte –
weder an Mitleid noch Moral.

Nein, es fehlt uns nicht an Güte.
Uns fehlt nur das Kapital.

Habt ihr's denn vergessen?
Das ist deutsch, das ist normal.
Erst mal kommt es zu Exzessen.
Später kommt dann die Moral.

1993

■ ■

Vorm Spiegel

Sieh dich doch an, da steht der Spiegel,
du wirkst nicht jünger als du bist.
Die Schminke macht es nur noch deutlich,
was alles schon Prothese ist.
Der falsche Zopf, die falschen Wimpern,
der Tuschkasten, da im Gesicht,
und das erfolgsgewohnte Lächeln,
das nichts mehr hält und nur verspricht.

Sieh dich doch an, du bist am Ende –
du bist nicht reif, du bist nur alt.
Was nützen die gepflegten Hände,
die schlank gehungerte Gestalt?
Wenn du's nicht siehst, liegt's an der Brille,
die dir schon lange fehlt, mein Kind.
Doch leider macht die eigene Blindheit
die anderen Leute ja nicht blind.

Sieh dich doch an, wer soll noch reinfallen
auf deinen altersschwachen Charme.
Dich nimmt man längst schon nicht mehr in den,
dich nimmt man höchstens auf den Arm.
Hör auf, die Nachtigall zu spielen,
wo's grad noch für die Eule reicht.
Wie's dir geht, geht es schließlich vielen
und deshalb nimm's gefälligst leicht.

1993

■ ■

Noch ein letztes Menuett

Wo Gott mal war, ist das Ozonloch.
Doch Spray benutzt sein lieber Sohn noch,
damit er nicht so stinkt.
Und mag hier auch kein Baum mehr wachsen,
das Wachstum wächst jetzt selbst in Sachsen.
Der Wald wird grün geschminkt.

Die Welt regieren Demokraten,
die glauben nur an Wachstumsraten.
Kein Tempolimit droht.
Besiegt sind die Naturgewalten.
Der Fortschritt ist nicht aufzuhalten.
Chemie ist unser Brot.

Und fehlt es dir auch hier am Wohnloch,
du findest Platz, dort im Ozonloch,
wo sich die Menschheit trifft.
Erst wenn die Menschen Engel werden,

erholt die Luft sich hier auf Erden
von uns und unserm Gift.

Der Mensch steht haushoch überm Affen –
er weiß sich selber abzuschaffen
und tut's auf Schritt und Tritt.
Ein grüner Punkt wird von uns künden.
Wir sterben nur an eignen Sünden.
Mein Gott, ham wir gelacht.

1994

Woher kommt der Mensch und wozu

Ein Schulaufsatz

Der Mensch kommt aus der Frau – wird aber vorher vom Mann
dort zwischengelagert. Der Mensch selbst kann nichts dafür,
weil er vorher nicht gefragt wird, wo er hinein- beziehungsweise herauskommen will und ob überhaupt. Seine Freiheit
besteht darin, dass er sich zwar nichts aussuchen kann, nicht
mal das eigene Geschlecht, aber mit allem fertig werden muss.
Wenn der Mensch es sich aussuchen könnte, müsste keiner
mehr Frau werden und Alice Schwarzer könnte nicht länger
behaupten, alle Frauen sähen aus, als ob sie Emma lesen.

Dass der Mensch an sich männlich ist, beweist ja schon,
dass niemand freiwillig Frau wird. Also kann man der Frau
aus ihrer weiblichen Eigenart auch keinen Vorwurf machen.
Solange man nicht mit ihr verheiratet ist, ist der Umgang mit
ihr durchaus erträglich. Alles Unglück beginnt erst, wenn ein
Mann und eine Frau denken, sie würden zusammenpassen.

Dass dies so sein könnte, ist der Grundirrtum aller Menschheitsgeschichte.

Gäbe es keine Männer, gäbe es vielleicht keinen Krieg. Gäbe es aber keine Frauen, gäbe es bestimmt keinen Frieden. Denn ohne den alltäglichen Kleinkrieg zu Hause bliebe dem Mann gar nichts übrig, als sich draußen auszutoben. Die Frau im Haus erspart dem Mann, die Axt nach draußen zu tragen.

Nur Neugeborene und Sterbende haben kein Problem mit ihrem oder dem anderen Geschlecht. Zahnlos, wie sie gewöhnlich sind, sehen sie das Leben nicht so verbissen. Zwischen dem noch nicht und dem nicht mehr wissen muss der Mensch an vieles glauben, weil man ja nie wissen kann. Woran der Mensch glaubt, das kann er frei und geheim entscheiden. Aber er muss immer wissen, dass er zu den Rechtgläubigen gehört und dass jeder andere Glaube ein Aberglaube ist.

Den rechten Glauben erwirbt man, um was zu besitzen, und den linken Glauben verliert man, wenn man was besitzt. Das Einzige, woran alle Menschen glauben, ist, dass sie Recht haben. Auch der von sich sagt, dass er an nichts mehr glaubt, glaubt fest daran, dass er Recht hat. Atheisten unterscheiden sich dadurch von Christen, Moslems und anderen Gläubigen, dass sie ihren Glauben schon für Wissen halten.

Außer Fehlern macht der Mensch im Laufe seines Lebens auch Erfahrungen, ohne daraus klüger zu werden. Die Ossis unter uns machen gerade die Erfahrung, dass sie überhaupt nur Fehler gemacht haben, während die Wessis den Fehler machen, aus Erfahrung gut zu finden, was sie machen. Zwischen Ostdeutschen und Westdeutschen wiederholt sich der Grundkonflikt der Menschheit überhaupt – nämlich der zwischen Mann und Frau: Sie verstehen sich nicht, bestehen aber darauf, dass sie zusammengehören.

1995

Das ganze Orchester

Als junges Mädchen schwärmte ich
nur für die Violinen.
Mein kühles Herz erwärmte sich
beim Klang der Sonatinen.
Sah ich die Streicher streichen,
tat sich mein Herz erweichen.
Beim Pizzicato-Zupfen
fühlt ich mein Herze hupfen.
Und bei den langen Tönen
begann's in mir zu stöhnen.
Kurz, ich begeisterte mich
für alles, was strich.
So kam es, dass ich mein Herz
verlor bei einer gebrochenen Terz
des Bach'schen Doppelkonzerts
mitten im neunzehnten Takt
an einen, der oben befrackt
mit unbeteiligter Miene
aus seiner Violine
die herrlichsten Töne lockte,
indes mein Herz mir stockte.
Kurz vor der Ziffer zehn
da war's um mich geschehn –
ich wollt mein Herz ihm schenken,
er nahm es wortlos an.
Der Rest lässt sich ja denken –
wir wurden Frau und Mann.
Er strich mit seinem Bogen
mir Leib und Seele heiß.
Doch dann hat er mich betrogen,
und so begann der Verschleiß.

Der Zweite, zu dem ich betete,
war einer, der herrlich trompetete.
Er brachte mich zum Rasen
mit seinem schönen Blasen.
Doch plötzlich merkte ich,
der Kerl blies nicht nur für mich.
Von Liebe keine Rede –
der Unmensch blies für jede.
So trieb mich's von der Trompete
direkt zur kleinen Flöte.
Doch da blieb ich nur kurz,
denn dem warn Frauen schnurz.
So fiel ich der Klarinette
ins schnell gemachte Bette.
Von da an ging es schnell weiter
erst zum Orchesterleiter,
vom Taktstock zur Mandoline,
das war dann schon Routine.
Schlagzeug, Posaune und Bass
und Pianisten en masse.
Zum Schluss war ich vernarrt
in den Orchesterwart.
Der sagte zu mir: Schwester,
wenn man ein einzges Instrument
erst mal vom Musizieren kennt,
dann kennt man das Orchester.
Drum willst du Liebe pur,
lies nur die Partitur.

1995

Ich sitze im Dunkeln. Da oben ist Licht.
Die Schauspieler tun so, als gäb es mich nicht.
Ich muss mich verstecken. Man darf mich nicht sehen.
Man darf mich nicht hören und muss mich verstehen.
Die Leute bewundern die Stars an der Rampe.
Ich sitze im Kasten mit Taschenlampe.
Ich könnte den Faust aus dem Kopf rezitieren.
Doch ich darf nur, ich darf nur, ich darf nur soufflieren.

Ich spiele nicht mit, doch ich bin immer dran –
die Einzige, die hier den Text wirklich kann.
Soweit die Regie nicht das Stück schon entstellt,
bin ich's, die des Schriftstellers Stellung hält.
Was käme vom Dichter hier über die Rampe,
säß ich nicht im Kasten mit meiner Lampe.
Ich sprech ihnen auch die Betonungen vor.
Doch Schauspieler haben nur Maul und kein Ohr.

Der Faust trägt Bermudas und Gretchen ist nackt,
statt Text stöhnen beide im Dreivierteltakt.
Louise wälzt sich im Kartoffelsalat
und Ferdinand kotzt delikat Blattspinat.
Heut spielt man Othello als rasende Rothaut,
der Shakespeare statt der Desdemona tot haut.
Fürs Feuilleton kotzt auch Ophelia vom Reck –
ich sitze im Kasten und ducke mich weg.

Wenn Romeo stottert und Julia schielt,
dann schreibt die Kritik: Hier wird gestisch gespielt.
Die Kunst der Verdauung ist heut Dernier Cri.
Statt Literatur spielt man Biologie.

Ich sitze im Kasten mit meiner Lampe –
indes onaniert jetzt Jeanne d'Arc an der Rampe.
Ihr haltet für Kunst, was dort oben passiert,
doch die Kunst sitzt im Kasten und weint und souffliert.

1999

Der kleine Mann kann es schon singen

Ich hab alles mitgemacht,
war immer mitten drinne.
Das hat mir nie was eingebracht,
soweit ich mich entsinne.
Ich bin neutral, bin nie Partei,
geh nicht voran, bin nur dabei.
Ich bin nicht feige,
aber ich schweige.

Die großen Zeiten mag ich nicht.
Ich mag auch keine Märsche.
Doch tu ich meine kleine Pflicht
auch für die großen Ärsche.
Ich hab kein eignes Ideal.
Ich hab auch keine Kampfmoral.
Wird es zu blutig,
fliehe ich mutig.

Wer auf mich baut, der baut auf Sand.
Ich schwör euch jeden Meineid.
Im Notfall bin ich Simulant.
Am liebsten ist mir kein Eid.

Ich such nicht nach des Lebens Sinn.
Mir reicht's, wenn ich am Leben bin.
Mein ganzes Streben
ist überleben.

Ich bin, wenn's sein muss, kriminell.
Das ist ungefährlich.
Uns kleine Gauner fängt man schnell.
Sonst wär man doch nicht ehrlich.
Doch Ehrlichkeit bringt auch nichts ein.
Ein gutes ist ein großes Schwein.
Doch fest steht eines:
Ich bin ein kleines.
Ich bin ein la la la
ein kleines Schwein.

1999

Lebenslänglich auf Bewährung

Lebenslänglich auf Bewährung –
mehr ist hier für keinen drin.
Auch die Menschenrechtserklärung
gibt dem Dasein keinen Sinn.

Freiheit nicht, nicht Sozialismus,
Esoterik, Religion,
nein, nicht einmal Egoismus
bringt dem Menschen ewgen Lohn.

Schönheit, Klugheit, Macht vergehen.
Auch Frau Schiffers Brust wird schlaff.
Schumis Motor bleibt mal stehen.
Kohl tritt mal zurück, der Aff.

Ewger Ruhm ist leicht vergänglich –
Goethes Ruhm und deiner auch.
Menschen sind halt unzulänglich –
wie im Kopfe, so im Bauch.

Eins jedoch – und damit end ich –
eines hat vielleicht noch Sinn:
Du und ich sind noch lebendig.
Also ist noch alles drin.

1996

Nur fliehen ist schöner

Überall auf der Welt sind Menschen auf der Flucht. Das erste
uns bekannt gewordene Flucht-Event fand übrigens schon
im Paradies statt. Als Adam und Eva statt den Paradiesvögeln
nachzusehen, einander selbst ... erkannten, da hat sie der liebe
Gott vermutlich aus Eifersucht aus seinem Paradies vertrieben.

Die mussten flüchten. Schließlich war bis dahin alle Zeu-
gungsgewalt allein von ihm ausgegangen. Und nun zeugten die
Menschen in freier Wildbahn, was das Zeug hielt und erzeug-
ten sich in kürzester Zeit eine Überbevölkerung. So erschlug
dann der Kain mal den Albaner – oder wie der damals hieß –,
bevor er fliehen konnte. Unstet und flüchtig sollst du sein auf

Erden. Später kamen dann Christen in die Schöpfung und sollten natürlich aus dieser sofort wieder vertrieben werden. Aber sie besannen sich rechtzeitig auf ihre christlichen Talente und drehten den Spieß einfach um. Und alle Unchristen mussten aus ihrem christlichen Blickfeld fliehen.

Ähnlich machten es dann die Kommunisten, nachdem sie zuerst von allen anderen verfolgt waren, haben sie erst einmal alle anderen verfolgt, um sich schließlich auch gegenseitig verfolgen zu können. Ihr Werk ist inzwischen nahezu abgeschlossen, während die religiös motivierte Nächstenverfolgung von Nordirland bis Schwarzafrika munter weiter geht.

Immer wieder gibt es fremdgläubige oder gar andershäutige, die sich zur Vertreibung geradezu anbieten. Glaube ist einfach haltbarer als Wissen. Was man von menschlichem Wissen zu halten hat, weiß man inzwischen. Das ändert sich alle zehn, zwanzig Jahre wieder. Ein richtiger Glaube dagegen kann Jahrtausende halten. Am haltbarsten ist der Glaube, dass Andersgläubige einem Aberglauben unterliegen und bekehrt oder eben vertrieben werden müssen. Daran glauben auch Atheisten aller Glaubensrichtungen.

Wenn das so weitergeht, dann wird aus unserer Informationsgesellschaft bald die reine Fluchtgesellschaft. Und dann heißt es, den Fluchtpunkt Deutschland rechtzeitig aufgeben. Die Freien Demokraten haben die Gunst der Stunde schon erkannt. Sie werden zu den ersten flüchtenden Demokraten gehören, die sich in Kürze ganz und gar verflüchtigt haben werden. Mit Westerwelle ab nach Westerland. Da können auch die anderen Parteien nicht zurückbleiben. Rot/Grün flieht unter die rote Sonne der grünen Kapverden. Die CDU zieht sich zurück in ihre Liechtensteiner Bankschließfächer. Die Tamilen bilden nach kurzen Rosenkriegen eine Tamilische Exilrepublik im einstigen Kreuzberg, Rot-China flieht nach Schwarzafrika und umgekehrt. Unter Aufsicht der NATO werden alle Fluchtwege paritätisch bombardiert, um die Verluste in kollateralen Grenzen zu halten.

Alle Flüchtenden dieser Erde werden in ihren leergeflüchteten Fluchtländern begrüßt mit dem internationalen Willkommensgruß »Ausländer raus«. Dann fühlen sie sich endlich wieder wie zu Hause.

1999

Wann der Herrgott net will

Das Leben ist so, wie das Leben halt ist
für Mohammedaner, für Jude und Christ.
Der Eine glaubt dies und der Andre glaubt das
und mancher glaubt gar nix – das ist ja auch was.
Ein jeder Mensch hofft, und ein jeder Mensch strebt,
doch noch hat kein Mensch seinen Tod überlebt.
Was nützt alles Denken? Es gibt nur den Schluss:
Es kommt schließlich alles so, wie es kommen muss.

Wann der Herrgott net will, nutzt da gar nix.
Sei net dumm, schrei net rum, sag: Es war nix.
Auch die ganz großen Tiere – der Clinton, die Queen,
alle Schröders, alle Putins haben da oben Termin.
Wann der Herrgott net will, nutzt da gar nix.
Stoiber denkt, doch Gott lenkt – Edmund, 's war nix.
Mach aus Bayern a Großmacht – am End bist du stumm.
Denn der Herrgott allein weiß, warum.

Macht euch wichtig, spielt Minister und regiert die Welt –
wann der Herrgott net will, nutzt da gar nix.

Eminenz, Exzellenz – nein, das war nix.
Und vor so was macht ihr euren Buckel noch krumm?
Nur der Herrgott allein weiß, warum.

2000

■■■■■■■■■■■■■■■■■■■■■■■■■■■■■■■■■■

Do you remember?

(Melodie: Michael Jackson »Remember the Time«)
Do you remember –
die Höhlen waren kalt.
Man schlief auf Stein,
der Wind blies hinein …
Do you remember –
so war es doch mal.
So lebte der Mensch einst
im Neandertal.
Do you remember –
wie wir gefrorn
hier im Dezember.
Kaum geborn –
do you remember –,
war man schon alt.
Das war halt Naturgewalt.
Do you remember, wie's war?
Wir warn so naiv.
Trugen Ganzkörperhaar
ganz primitiv.
Do you remember, dass wir
halb Mensch warn, halb Tier?
Halbe Primaten warn wir.

Wie stehn wir jetzt da?
Der Himmel ist nah.
Wir sind rasiert,
die Höhlen möbliert.
Joop zieht uns an.
Bill Gates ist unser Mann.
Alles im Griff,
die Natur kriegt ihren letzten Schliff.
Wo sich ein Aborigine ziert
wird er zwangszivilisiert.
Denn auch so ein Luder
wird auf die Art unser Bruder.
Schließlich herrscht im High-Tech-Land
nach wie vor Steinzeit-Verstand.
Ja wir sind mental
noch im Neandertal.
Kain schlägt auf seinen Abel,
doch den Braten zerlegt er
mit Messer und Gabel.
Wie weit sind wir heut?
Kongo und Kosovo –
ein Waffendepot
auf höchstem Niveau
und das beweist schon,
bei uns herrscht Zivilisation.
Neandertal auf höchstem Niveau,
du meine Welt, mein Waffendepot.
I see skies of blue
red roses too.
Erst sterbe ich
und dann stirbst du.
Und dann hat der Fortschritt Ruh –
What a wonderful world!

1999

(Melodie: Carl Orff »Carmina burana«, Nr. 17)

Was bleibt übrig von den Großen,
wenn sie auf die Nachwelt stoßen?
Mit dem Tod sind meist gestorben,
die einst ewgen Ruhm erworben.
Tote Kaiser sind ein Schmarren.
Man erinnert sich der Narren.
Bismarck blieb als Hering leben.
Kohl wird's als Roulade geben.
Blümchen ist schon heute Kaffe,
dabei lebt er noch, der Affe.

Von Radetzki blieb ein Marsch nur.
Goethes Götz blieb uns am Arsch nur.
Wallenstein kennt Lieschen Müller
nur als Titelheld von Schiller.
Pückler ist zu Eis geraten
und Chateaubriand zum Braten.
Litfaß ist nur noch 'ne Säule,
Ulbricht eine Spitzbarteule.

Gorbatschow, der klare, starke,
ist nur noch 'ne Wodkamarke.
Cäsar wurde Hundename
und was blieb von jener Dame
Pompadour mehr als die Tasche?
Vom Marxismus blieb nur Asche.
Von Columbus kennt man noch die Eier,
doch von Stoiber weiß man nur – ein Bayer.

Von den Herrschern blieben höchstens Daten,
denn zum Glück vergisst man ihre Taten.
Im Vergleich zu Bach sind's Würstchen,
die regiert habenden tausend Fürstchen.
Was wär denn von Lear geblieben,
hätt ihn Shakespeare nicht geschrieben?
Unsern Kanzler – diesen schlichten –
würd ein Shakespeare nie bedichten.

All die kleinen Wichtigmänner,
Kabinetts- und Vorstandspenner,
Steuer- und Diätenzecher,
unsre Grundgesetzesbrecher –
all die Herrn der Schwarzgeldkohle,
unsre Bankschließfach-Idole,
unsre ganze Staatsnoblesse
reicht grad für die Tagespresse.

Sollt er in der Hölle brennen,
wer wird Kanther dann noch kennen?
Wer kennt morgen noch Frau Merkel?
Wer kennt Roland Koch, das Ferkel?
Lohnt es sich denn noch zu lästern?
Die von heut sind längst von gestern.
All die Großen, die sich spreizen,
sind nur Spreu. Wo ist der Weizen?

Hofft nicht auf Paris und Brüssel –
auch in Wien sitzt bloß ein Schüssel.
Putin ist in Russland Meister –
überall nur kleine Geister.
Kleine Würstchen, kleine Esser –
das Niveau ist nirgends besser.

Nein, es lohnt nicht auszuwandern –
Deutschland, Deutschland wie die andern …
Hurra! Hurra! Hurra! Hurra!
Hurra! Hurra! Hurra! Hurra!

2000

Die Erschöpfungsgeschichte

Ja, so ist das liebe Brüder und Schwestern! Politiker auf der
ganzen Welt beweisen immer wieder: Unter Einäugigen können auch die Blinden König sein. Angesichts dessen, was Politik heute in der Welt so anrichtet, könnte man meinen, die
Menschheit sei verrückt geworden. Ist sie aber nicht. Alle
Menschheitsgeschichte beweist ja, sie ist nur verrückt geblieben. Einfach ausgedrückt: Wir sind hier nicht die ersten Idio-
ten. Vielleicht aber die letzten. Insofern ist eine gewisse Entwicklung nicht zu leugnen.

Am Anfang schuf Gott – das haben wir schriftlich – Himmel und Erde. Und er sah, dass es gut war. Aber er sah nicht
mehr gut. Vorsichtshalber verbot er dem Menschen vom Baum
der Erkenntnis zu essen. Denn er wusste lange vor Biermann:
Was verboten ist, das macht uns gerade scharf. Als ersten
Scharfmacher schickte er dem Menschen den ersten Politiker,
nämlich …? Mit Sch… fängt er an. Nein, nicht Schily. Was aus
dem wurde, das konnte selbst der liebe Gott damals noch nicht
ahnen. Die Schlange schickte er. Sie versprach dem Menschen,
was nach ihr alle Politiker versprachen, nämlich klüger zu
werden. Ein Blick auf die Menschheitsgeschichte beweist, ihr
Werk ist gescheitert. Dabei soll uns Gott ja – auch das haben wir
schriftlich – nach seinem Bilde geschaffen haben. Aber wenn

ich mir Stoiber und Merz angucke und daran denke, dass auch sie nach seinem Bilde geschaffen wurden, dann mache ich mir doch automatisch auch ein Bild von diesem Gott. Aber, was steht ja auch in der Bibel? Du sollst dir kein Bild machen.

Das deutsche Volk hat zwar auch göttliche Dichter und Denker hervorgebracht. Aber regiert wurde es meist von Gemütsmenschen oder Pragmatikern, denen dichten und denken so fremd ist wie dem Papst die Geburtenkontrolle.

Als Gott vor genau 2000 Jahren noch mal auf die Erde hinabsah und aus der weisen Entfernung sah, dass es nicht gut war, schickte er seinen Sohn. Von Adenauer und Brandt blieben uns nur die Enkel. Und es ist ein Kreuz mit ihnen! Was sagte doch jener Philosoph als er nach Deutschland kam? Ich denke, also bin ich hier falsch.

2000

Ende offen

Haltet euch fest. Das Ende ist offen,
doch solange man lebt, kann man immer noch hoffen.
Nur keine Sorge, bleiben Sie munter –
noch gehen wir ja ganz komfortabel unter.
Mancher Afghane würd alles drum geben,
einmal so schlecht wie ein Deutscher zu leben.
Auch wer seine Arbeit in Deutschland verliert,
den tröstet, dass Rumsfeld hier nicht bombardiert.

Menschen schuf Gott als sein Ebenbild
und wenn's Gott gar nicht gibt – alles halb so wild.
Nur keine Sorgen, bleiben Sie munter –

dann gehen wir halt mit dem Teufel unter.
Mohammed, Jesus und all die Propheten
in ihrem Namen kann man auch töten.
Drum schließt auch den Teufel mit ein ins Gebet –
wer weiß, vielleicht ist der Teufel der wahre Prophet.

2003

Schau nicht hin

Das Leben ist so, dass kein Mensch es versteht.
Der einzige Trost ist, dass es vergeht.
Man schuftet, man plagt sich, man rennt gegen Wände –
bevor man's versteht, ist alles zu Ende.
Ob reich oder arm, ob schwarz oder rot –
auch das Happyend endet zum Schluss mit dem Tod.
Darum reg dich nicht auf, denn das hat keinen Sinn –
schau nicht hin, schau nicht hin, schau nicht hin.

Fast jeder beklagt, dass fast jeder betrügt,
und fast jeder tut es, sobald es sich fügt.
Denn wenn die Politiker uns so belügen,
dann dürfen wir auch das Finanzamt betrügen.
Was lehren uns Rürup und Gerster und Hartz?
Lass die doch reformieren – wir arbeiten schwarz.
Wer am meisten betrügt, macht den meisten Gewinn –
schau mal hin, schau mal hin, schau mal hin.

Der technische Fortschritt, er rast vor uns her.
Warum und wohin, das weiß keiner mehr.
Wir bauen auf die Intelligenz unsrer Waffen –

und bleiben im Herzen die Steinzeit-Affen.
Wir sind informiert, ohne was zu verstehen,
die Nachrichten kommen, bevor sie geschehen.
Wir ersetzen durch Tempo den fehlenden Sinn –
schau nicht hin, schau nicht hin, schau nicht hin.

Wir schminken die Falten weg, fressen Diät
und halten das Fernsehen für Realität.
Wir glauben an Jauch und an Fliege und Pflaume
und Bio verfolgt uns auch heut noch im Traume.
Doch wenn wir uns selber im Spiegel ansehn,
dann fragen wir plötzlich: Woher kenn ich den?
Dieses Dutzendgesicht mit dem Doppelkinn –
schau nicht hin, schau nicht hin, schau nicht hin.

Übrigens hat der Mensch bisher nur eine wirklich intelligente
Waffe erfunden – den Bumerang. Der kehrt nämlich zu dem
zurück, der ihn wirft.

2003

Gebet

Gebet eines Pfarrers 1864:

Lieber Gott und Herr!
Setze dem Überfluss Grenzen
und lass die Grenzen überflüssig werden.
Nimm den Ehefrauen das letzte Wort
und erinnere die Ehemänner an ihr erstes.
Gib den Regierenden ein besseres Deutsch
und den Deutschen eine bessere Regierung.
Schenke uns und unseren Freunden mehr Wahrheit
und der Wahrheit mehr Freunde.
Sorge dafür, dass wir alle in den Himmel kommen.
Aber, wenn du es willst, noch nicht gleich.

1999

Auf der Kante liegen

Ich schreibe nicht objektiv, ich habe mit ihm gelebt.

Seine Texte klingen, als hätte er sie gestern geschrieben. So sagen oft Leute, die Peter Ensikat hören oder lesen. Nicht wenige seiner Texte haben kein Verfallsdatum. Genau betrachtet, sind das vor allem jene, die nach dem Fall der Mauer entstanden sind, die also nicht die ostdeutsche, sondern die wiedervereinigte deutsche Gesellschaft beschreiben. Als ich vor einem Jahr ein Gedicht las, das er anlässlich des Einsatzes deutscher Truppen in Afghanistan geschrieben hatte, entstand die Idee für dieses Buch. Krieg wird wieder gedacht, und Krieg wird wieder gemacht.

Ensikat wirft ein besonderes Auge auf die Zeit. Seine Texte blicken zurück, und sie blicken voraus. Sie sind Mahnung und sie sind Ahnung.

Dies ist ein Buch für Liebhaber des Kabaretts, und vielleicht für andere, die es noch nicht sind. Es ist ein Buch zum Erinnern, zum Vorlesen und zum Nachlesen.

Ensikat verehrte Erich Kästner und Kurt Tucholsky, er liebte die bissigen Lieder von Georg Kreisler und bedauerte, nicht singen zu können.

Er war ein Könner der leisen Töne und der Zwischentöne. Er wollte die Welt erklären, wie er sie begriff, ehrlich, ohne Eitelkeit und mit Humor.

Manchmal wurde sein Witz nicht verstanden, dann sagte er heiter: »Humor ist in Deutschland kennzeichnungspflichtig«. Ensikat sang nicht, aber seine neu geschriebenen Texte auf bekannte Melodien aus Oper, Lied und Schlager waren unübertroffen. Das konnte er – ohne Stimme hochmusikalisch sein. Er packte seine Musikalität in Wort und Rhythmus, und da war sie, seine Stimme.

Manchmal sagte ich, wenn er was Neues erfunden hatte auf eine alte Melodie: »Da ist ein *und* zu viel« – und wir stritten lange. Am Ende strich er das *und,* und ich war stolz, einem Dichter ein *und* ausgeredet zu haben.

Wir hörten oft die Bellmann-Lieder, die schwedischen, dem Leben gleichermaßen zu- wie abgewandten Lieder, und dann sang er doch, leise vor sich hin und mit hellen Augen: »Trink aus dein Glas, der Tod steht auf der Schwelle. Warte nur noch, ein Stündlein oder zwei.«

Ein Mensch, der das Wort »sinnlich« nicht schätzte, wurde sinnlich und sang. Klar und preußisch und direkt am Tage, melancholisch und romantisch in der Nacht.

Ensikat bezeichnete sich selbst als Liberalen, er war ein ewig Zweifelnder. Er wollte, dass es weniger Ungerechtigkeit gibt auf der Welt, und richtete sich zuweilen unbequem mit ihr ein. Er brachte die Welt nicht aus den Fugen, aber er betrachtete die Fugen, die die Welt zusammenhalten, mit der Lupe.

Er war zurückhaltend und bescheiden, und er genoss es, anerkannt und bekannt zu sein. Als er, nach schwerer Krankheit und ausgerüstet mit neuer Hoffnung auf das Leben, in die Rehaklinik kam und das Zimmer sah, in dem er nun gesund werden sollte – ein geräumiges Zimmer mit Schreibtisch und Balkon und Blick auf einen See –, da hatte er Tränen in den Augen: »Vielleicht ist es doch nicht ganz schlecht, wenn einen ein paar Leute kennen.« Alle Zimmer dort waren so wie seins, aber das wusste er nicht.

Jemand sagte mal, Ensikat sei der Hildebrandt des Ostens. »Einverstanden«, sagte Ensikat, »wenn Hildebrandt der Ensikat des Westens ist.« Bescheidenheit ist relativ, wie vieles andere auch. Ensikats philosophisch-satirische Sicht auf die Welt kann gegen Unglück helfen, auch wenn er selbst kein Glücklicher war. In seinem Bücherregal lehnte vor einer Gesamtausgabe Goethes ein Zettel, auf dem ein von ihm notiertes Zitat von Heiner Müller geschrieben stand: »Zehn Deutsche sind natürlich dümmer als fünf Deutsche«. Aber Ensikat achtete die Leute, für die er seine Texte schrieb, und er achtete die – wenn auch nicht alle gleichermaßen –, über die er seine Texte schrieb.

Dieses Buch versammelt Satiren aus vier Jahrzehnten, in denen er für das Berliner Kabaretttheater Distel geschrieben hat – zum ersten Mal übrigens im Jahre 1969. Zwischen 1984 und 1990 allerdings schrieb er nicht für die Kabarettbühne. In dieser Zeit bearbeitete er Kinderstücke, und inszenierte diese unter anderem in Deutschland, Belgien und Äthiopien. Einige davon werden bis heute aufgeführt.

Wir hörten, wenn wir in unserem schmalen Bett auf der Kante lagen, nächtelang Jacques Brel, und einmal sagte er: »Ich wünsche mir, dass das nie aufhört, dieses auf der Kante liegen.«

Bastienne Voss
im Sommer 2015

Zu einigen Personen

Adameck, Heinz – 1968 bis 1989 Vorsitzender des Staatlichen Komitees für Fernsehen der DDR

Bergmann-Pohl, Sabine – 1990 Präsidentin der Volkskammer der DDR; 1990 bis 1991 Bundesministerin für besondere Aufgaben; 1991 bis 1998 parlamentarische Staatssekretärin beim Bundesminister für Gesundheit

Blühm, Norbert – 1982 bis 1998 Bundesminister für Arbeit und Sozialordnung

Bohley, Bärbel – erhielt 1994 das Bundesverdienstkreuz für ihre Verdienste um die friedliche Revolution in der DDR und die deutsche Wiedervereinigung

Breuel, Birgit – 1991 bis 1995 Präsidentin der Treuhandanstalt

Ecevit, Bülent – 1999 bis 2002 türkischer Ministerpräsident

Eichel, Hans – 1999 bis 2005 Bundesminister der Finanzen

Eggert, Heinz – 1991 bis 1995 Sächsischer Staatsminister des Innern

Eppelmann, Rainer – März bis Oktober 1990 Minister für Abrüstung und Verteidigung der DDR; 1990 bis 2005 Mitglied des Deutschen Bundestages

Erhard, Ludwig – 1949 bis 1963 Bundesminister für Wirtschaft (gilt als Vater des »deutschen Wirtschaftswunders« und der Sozialen Marktwirtschaft)

Genscher, Hand Dietrich – 1974 bis 1992 fast ununterbrochen Bundesminister des Auswärtigen und Vizekanzler der Bundesrepublik Deutschland

Gerster, Florian – 2002 bis 2004 Leiter der Bundesanstalt für Arbeit

Grümmer, Franz Josef – seit 20 Jahren als Pianist und Komponist Gast am Berliner Kabarettheater Distel

Gysi, Gregor – 1998 bis 2000 Vorsitzender der PDS-Bundestagsfraktion

Henkel, Hans-Olaf – 1995 bis 2000 Präsident des Bundesverbandes der Deutschen Industrie

Herrmann, Joachim – 1979 bis 1989 als Sekretär des Politbüros der SED für Agitation zuständig für die Medien der DDR

Hintze, Peter –1992 bis 1998 Generalsekretär der CDU

Kanther, Manfred –1993 bis 1998 Bundesminister des Innern

Klose, Hans-Ulrich – 1991 bis 1994 Vorsitzender der SPD-Bundestagsfraktion

Koch, Roland – 1999 bis 2010 Ministerpräsident des Landes Hessen

Krause, Günther – 1990 bis 1991 Bundesminister für besondere Aufgaben; 1991 bis 1993 Bundesminister für Verkehr

Krenz, Egon – Oktober bis Dezember 1989 SED-Generalsekretär und Staatsratsvorsitzender der DDR

Lafontaine, Oskar – 1985 bis 1998 Ministerpräsident des Saarlandes

Lambsdorff, Otto Graf – 1977 bis 1982 und 1982 bis 1984 Bundesminister für Wirtschaft

Löwenthal, Gerhard – 1969 bis 1987 Moderator und Kommentator des ZDF

Luft, Christa – November 1989 bis März 1990 Ministerin für Wirtschaft der DDR

Maizière, Lothar de – April bis Oktober 1990 Ministerpräsident der DDR; Oktober bis Dezember 1990 Bundesminister für besondere Aufgaben

Merz, Friedrich – 2002 bis 2004 stellvertretender Vorsitzender der CDU/CSU-Bundestagsfraktion

Mielke, Erich – 1957 bis 1989 Minister für Staatssicherheit der DDR

Milošević, Slobodan – 1997 bis 2000 Präsident der Bundesrepublik Jugoslawien

Mitschurin, Iwan W. – die Methode und Lehre des russischen Botanikers und Pflanzenzüchters zur Veränderung des Pflanzenwachstums wurde in der jungen DDR propagiert

Mittag, Günter – 1976 bis 1989 ZK-Sekretär der SED für Wirtschaftsfragen der DDR

Möllemann, Jürgen – 1996 bis 2002 FDP-Landesvorsitzender in Nordrhein-Westfalen

Müntefering, Franz – 2005 bis 2007 Vizekanzler und Bundesminister für Arbeit und Soziales

Nolte, Claudia – 1994 bis 1998 Bundesministerin für Familie, Senioren, Frauen und Jugend

Przybilsky, Peter – 1963 bis 1980 Staatsanwalt beim Generalstaatsanwalt der DDR, zuständig für Öffentlichkeitsarbeit

Rexrodt, Günter – 1993 bis 1998 Bundesminister für Wirtschaft

Riester, Walter – 1998 bis 2002 Bundesminister für Arbeit und Sozialordnung

Roth, Claudia – 2001 bis 2002 und 2004 bis 2013 eine der Bundesvorsitzenden von Bündnis 90/Die Grünen

Rühe, Volker – 1992 bis 1998 Bundesminister der Verteidigung

Rürup, Bert – 2000 bis 2009 im Rat der Wirtschaftsweisen

Schabowski, Günter –November 1989 bis März 1990 ZK-Sekretär der SED für Informationswesen der DDR

Schalck-Golodkowski, Alexander – 1967 bis 1989 stellvertretender Minister bzw. Staatssekretär im Ministerium für Außenhandel der DDR, 1983 Verhandlungspartner von Franz Josef Strauß

Scharping, Rudolf – 1998 bis 2002 Bundesminister der Verteidigung

Schäuble, Wolfgang – 1989 bis 1991 und 2005 bis 2009 Bundesminister des Innern

Schily, Otto – 1998 bis 2005 Bundesminister des Innern

Schnitzler, Karl-Eduard von – 1952 bis 1989 Chefkommentator bei Funk und Fernsehen der DDR

Schorlemmer, Friedrich – Oktober 1989 bis März 1990 Mitglied im Demokratischen Aufbruch, Austritt und Mitglied der SPD

Schwaetzer, Irmgard – 1991 bis 1994 Bundesministerin für Raumordnung, Bauwesen und Städtebau

Seehofer, Horst – 1992 bis 1998 Bundesminister für Gesundheit

Seiters, Rudolf – 1991 bis 1993 Bundesminister des Innern

Stoiber, Edmund – 1993 bis 2007 Ministerpräsident des Freistaates Bayern

Stolpe, Manfred – 1982 bis 1989 stellvertretender Vorsitzender des Bundes der Evangelischen Kirchen in der DDR; 1990 bis 2002 Ministerpräsident des Landes Brandenburg

Stoph, Willi – 1973 bis 1976 Vorsitzender des Staatsrates der DDR, 1976 bis 1989 Vorsitzender des Ministerrates (Ministerpräsident) der DDR

Struck, Peter – 2002 bis 2005 Bundesminister der Verteidigung

Süßmuth, Rita – 1988 bis 1998 Präsidentin des Deutschen Bundestages

Thierse, Wolfgang – 1998 bis 2005 Präsident des Deutschen Bundestages

Tisch, Harry – 1975 bis 1989 Vorsitzender des Freien Deutschen Gewerkschaftsbundes der DDR

Wagenknecht, Sarah – 1991 bis 2010 Mitglied der Leitung der Kommunistischen Plattform der PDS bzw. Die Linke

Waigel, Theo – 1989 bis 1998 Bundesminister der Finanzen

Wehner, Herbert – 1969 bis 1983 Vorsitzender der SPD-Bundestags-fraktion

Westerwelle, Guido – 1994 bis 2001 FDP-Generalsekretär

Wickert, Ulrich – 1991 bis 2006 erster Moderator der ARD-Tagesthemen

Wolf, Markus – 1952 bis 1986 Chef der Hauptverwaltung Aufklärung des Ministeriums für Staatssicherheit der DDR

Wulff, Christian – 2003 bis 2010 Ministerpräsident des Landes Niedersachsen

Enthaltene Texte

Alle loben den Menschen 204
Alltägliche Maskerade 12
Am Fenster zur Welt I 66
Am Fenster zur Welt II 115
Angelas Dank an Gerd 109
Ansprache an das Volk 37
An uns soll's nicht liegen 120
Beim Packen eines Pakets 129
Bin in Bio's Laden 139
Bouillon Bio 187
Dankchoral 69
Das alte Kinderlied 49
Das ganze Orchester 211
Das Geheimnis der Sieger 119
Das neue Solidaritätslied 91
Das starke Stück 173
Der alte dumme August 180
Der kleine Mann kann es schon singen 214
Der letzte Tango 152
Der Mensch als Fernseher 86
Der Mensch gewöhnt sich an alles 45
Der Staat bist du 112
Der süßblaue Engel 162
Der süße Brei 55
Deutsch bleibt deutsch 106
Deutschland einig Steuerparadies 167
Dialektisch for you 15
Die Alten 194
Die alten Lieder für die neue Jugend 47
Die Angst geht herum 154
Die bayerische Antwort auf Europa 133
Die deutsche Wiederverfeindung 73
Die Erschöpfungsgeschichte 223

Die grüne Eingreiftruppe 136
Die letzte Ölung 141
Die Lichterkette 117
Die Moritat von deutscher Humanität 124
Die Nachrichten von morgen 78
Die neue deutsche Normalität 185
Die Souffleuse 213
Die Stützen der Gesellschaft 156
Die Tomate als literarischer Anlass 83
Do you remember? 219
Du und dein Rechtsweg 169
Eigentum verpflichtet 90
Ein bisschen Krieg 125
Eine mit Erfahrung singt 159
Eine Weltmacht wird zu Grabe getragen 134
Ein letztes Märchen 35
Ein Wort in eigener Sache 39
Ende offen 224
Endspiel im Himmel 51
Er will doch nur spielen 111
Es geht ja auch so! 33
Falke 143
Faust – geballt 203
Fluchtort Deutschland 104
Frau in mittleren Jahren 60
Gebet 227
Gelernt ist gelernt 153
Glaubt mir kein Wort 7
Ich werd mich ja doch nicht los 160
Im Brunnen vor dem Tore 100
Im Herzen der Deutsche 82
Kapital und Arbeit 177
Keine Sicherheit mehr 56
Last but not geleast – König Auto hat das letzte Wort ... 151
Lebenslänglich auf Bewährung 215
Letzte Antworten auf allerletzte Fragen 173
Liebe im Chatroom 197
Lied, allen unbekannt gebliebenen Genossen gewidmet .. 42

Lied vom Mittel-maß-halten 9

Mandy-Handy-Song 196

Mauer 65

Mein Hund Bello 101

Nachgefragt 122

Nachspiel in der Hölle 53

Nationalgefühl konkret 130

Neue deutsche Stimmung in Liedern 93

Nimm zwei! 19

Noch ein letztes Menuett 208

Nur fliehen ist schöner 216

Oh Eurydike 18

Ostspaziergang 50

Perpetuum Rentenmobile 192

Philemon und Baucis 200

Politik unterm Strich 163

Rassenschande 102

Reisen bildet 144

Rette uns, wer kann 164

Sachsens Autokönig 61

Salto globale 179

Schau nicht hin 225

Schwarz auf weiß 76

Sofa I 62

Sofa II 95

Sofa III 98

Souveränität 81

Späte Reue 88

Süße Freiheit 59

Tagesshow 20

Talg im Hirn 182

Tanz um die goldene Mitte 191

Übrigens 132

Unsere Fremden 80

Uns gab's nur einmal 43

Uns gibt's noch lange 199

Unter uns gesagt 29

Vergessen 10

Vorm Spiegel 207

Vor uns die Sintflut 205

Wächst es zusammen? 70

Wahlflucht 186

Wann der Herrgott net will 218

Was bleibt übrig von den Großen? 221

Wenn wir den Krieg verloren hätten 126

Wenn wir einmal reich sind 206

Wer will eigentlich die DDR wiederhaben? 157

Wettlauf zwischen Hasen und Igeln 75

Wir sind das Letzte 150

Wir sind verbittert 84

Wir Zauberlehrlinge 147

Woher kommt der Mensch und wozu 209

Zeit zum Totschlagen 127

Zwischen Himmel und Hölle 23

Autor/Herausgeberin

Peter Ensikat (1941–2013) war ein deutscher Kabarettist und Schriftsteller. Bis 1974 arbeitete er als Schauspieler in Dresden und Ostberlin, später avancierte er zu einem der meistgespielten Kabarettautoren in der DDR. Von 1999 bis 2004 war er künstlerischer Leiter des Kabaretts Die Distel. Er schrieb u. a. die Bücher »Das Schönste am Gedächtnis sind die Lücken« (Blessing, 2005) und seine Autobiografie »Meine ganzen Halbwahrheiten« (Dumont, 2010). Bei be.bra war er mit den Büchern »Populäre DDR-Irrtümer« und »Ihr könnt ja nichts dafür!« erfolgreich. 2009 wurde er in Mainz mit einem Stern der Satire auf dem »Walk of Fame des Kabaretts« geehrt.

Bastienne Voss, geboren in Berlin, absolvierte die Spezialschule für Musikerziehung Gerhart Hauptmann in Wernigerode und studierte nach dem Abitur Schauspiel und Gesang in Dresden. Sie spielte in einigen Fernsehserien sowie an verschiedenen Theatern, zuletzt 1999 bis 2006 am Kabarett Die Distel in Berlin. Seit 2006 arbeitet sie außerdem als freie Buchautorin, 2007 erschien ihr erster Roman »Drei Irre unterm dem Flachdach« (Piper), 2010 »Mann für Mann« (Hoffmann und Campe).